AF366525

LE
JARDIN FRUITIER.

LE
JARDIN FRUITIER,

CONTENANT

L'histoire, la description, la culture et les usages des Arbres fruitiers, des Fraisiers, et des meilleures espèces de Vignes qui se trouvent en Europe ; les usages des Fruits sous le rapport de l'économie domestique et de la Médecine ; des principes élémentaires sur la manière d'élever les arbres, sur la Greffe, la Plantation, la Taille, et tout ce qui a rapport à la conduite d'un Jardin fruitier.

Par L. NOISETTE,

ET RÉDIGÉ D'APRÈS SES NOTES

Par L.-A. GAUTIER, *Docteur en Médecine;*

Ouvrage orné de 90 planches représentant 220 espèces de fruits coloriés d'après nature.

TROISIÈME VOLUME.

PARIS,

AUDOT, Libraire-Editeur, rue des Maçons-Sorbonne, N.º 11.

1821.

Abricot Angoumois.

Abricot précoce.

Abricot commun.

Abricot de Hollande.

Abricot de Portugal.

Abricot Pêche.

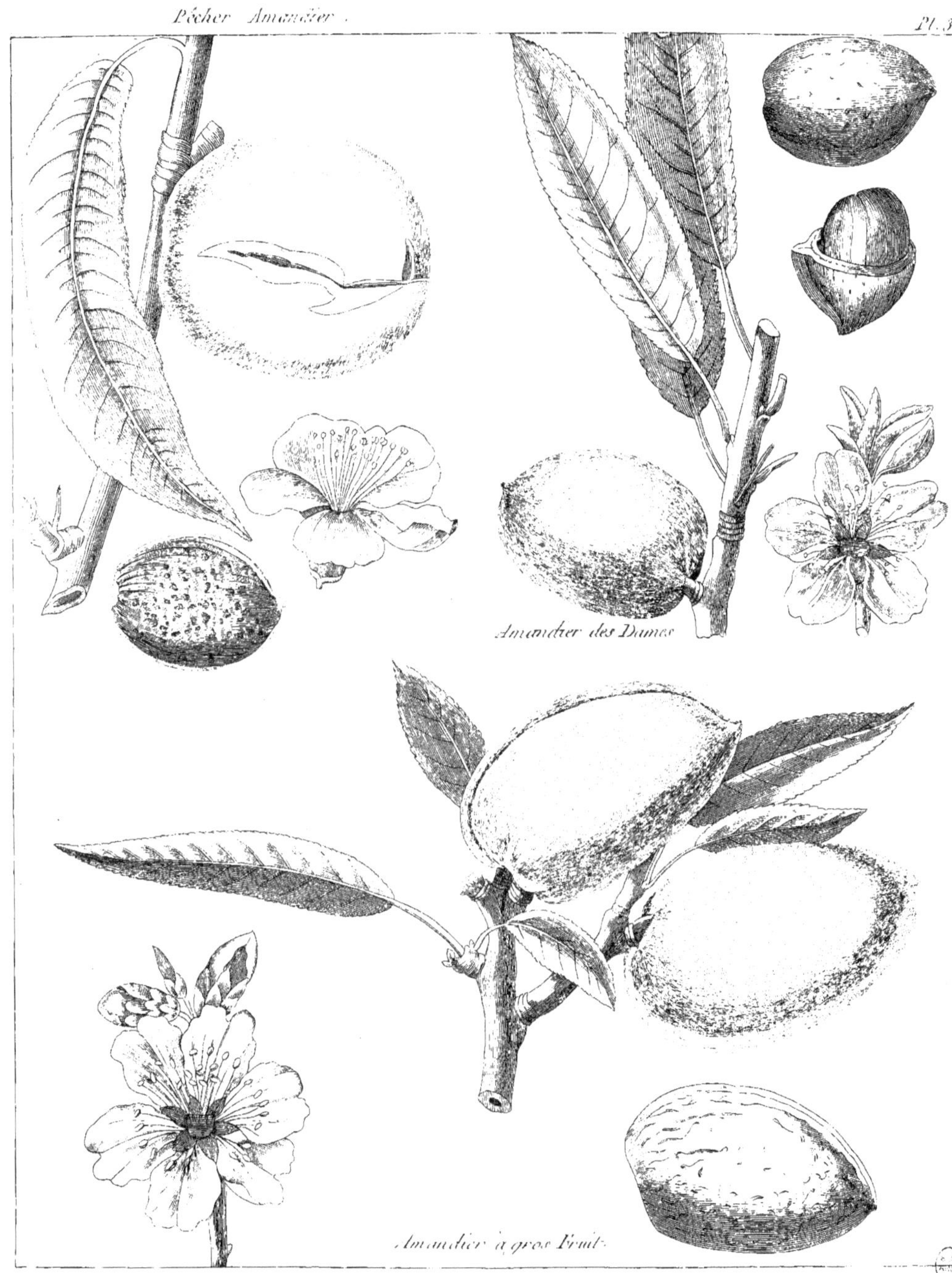

Amandier des Dames

Amandier à gros Fruit

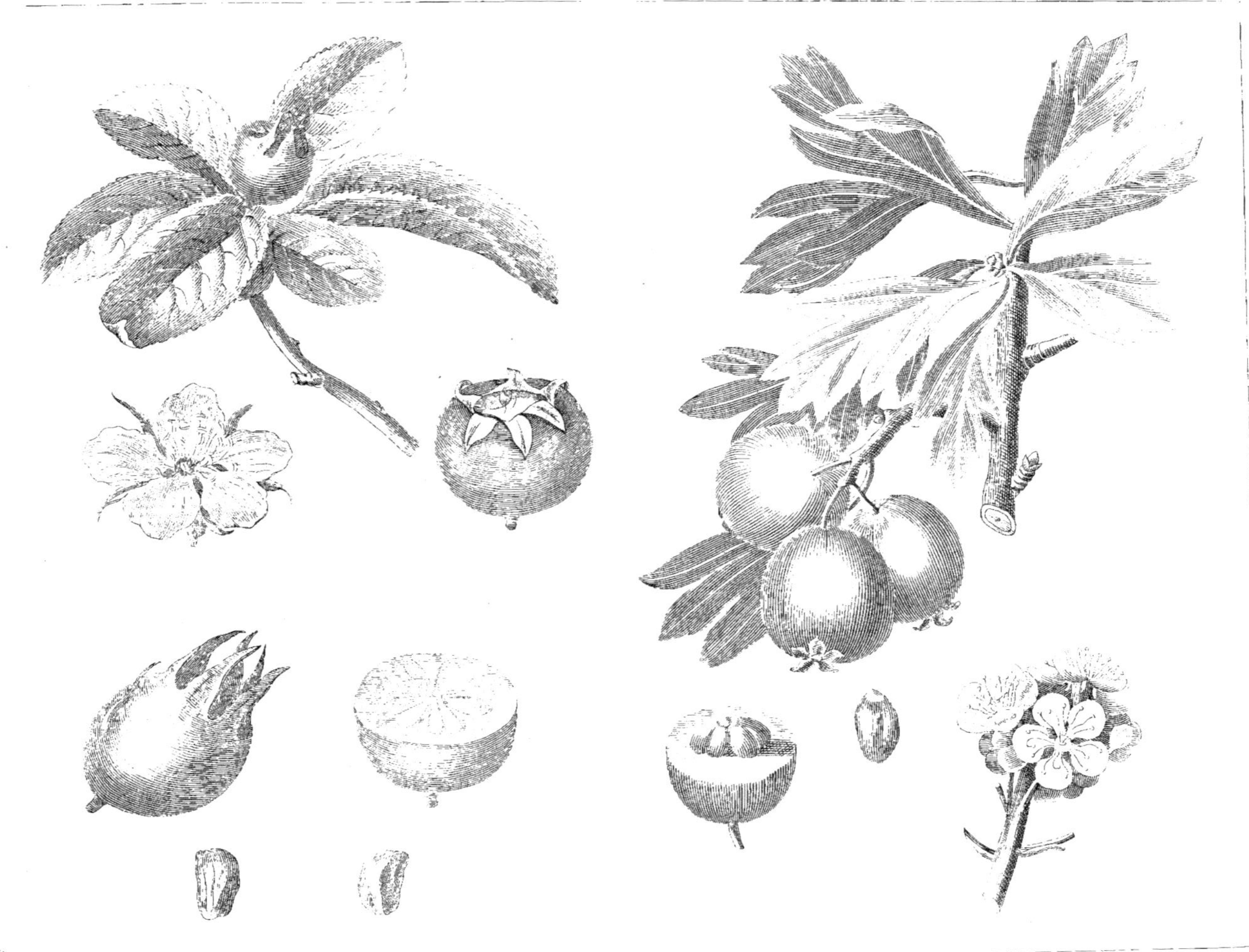

Néflier des bois
Azerolier d'Italie

Grosse Cerise rouge pâle.
Pl. 5.
Cerise a courte queue.
Cerise hâtive.
Guigne.

Big arreau commun
Royale
Cerise de la Toussaint

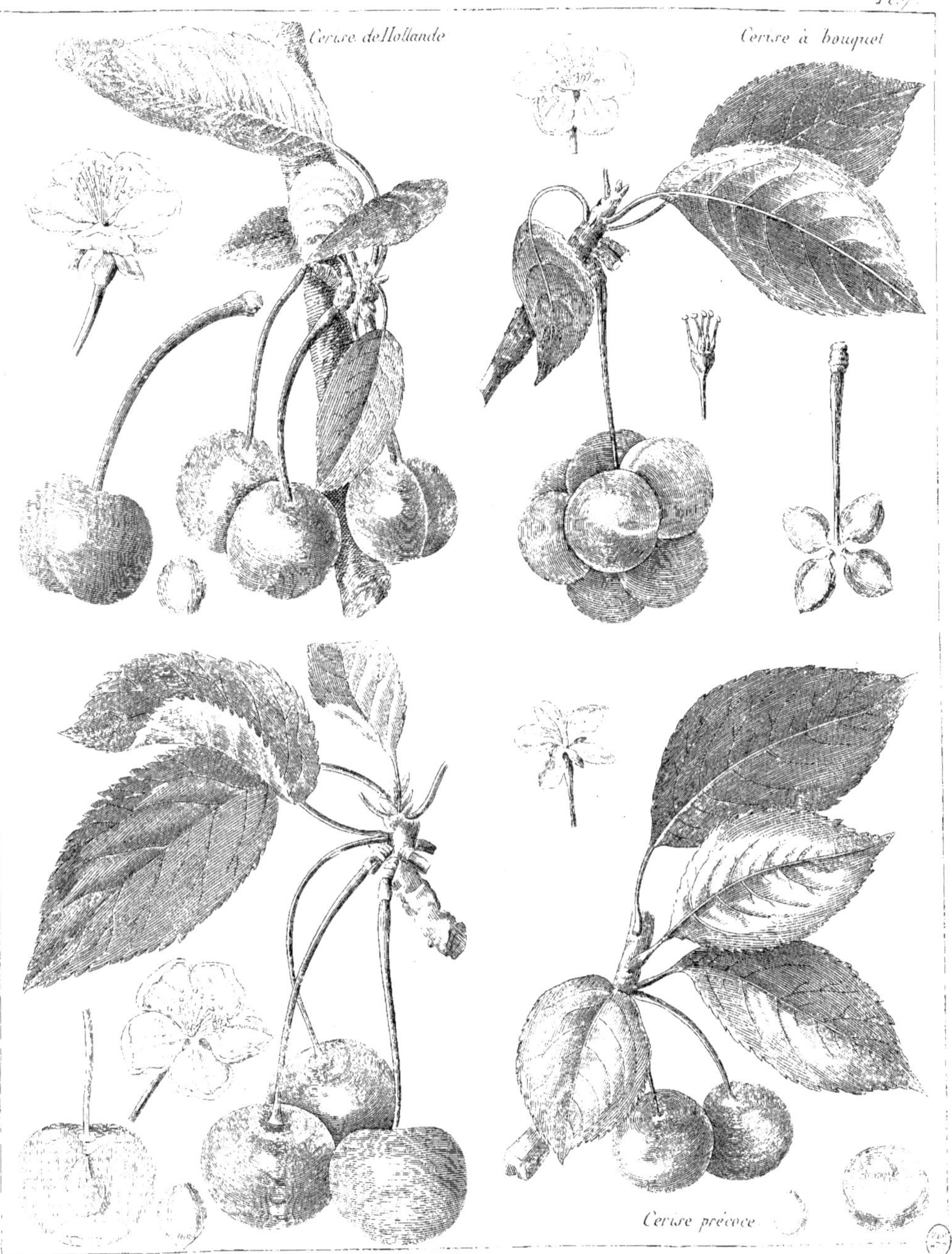

Cerise de Hollande
Cerise à bouquet
Belle de Choisy.
Cerise précoce

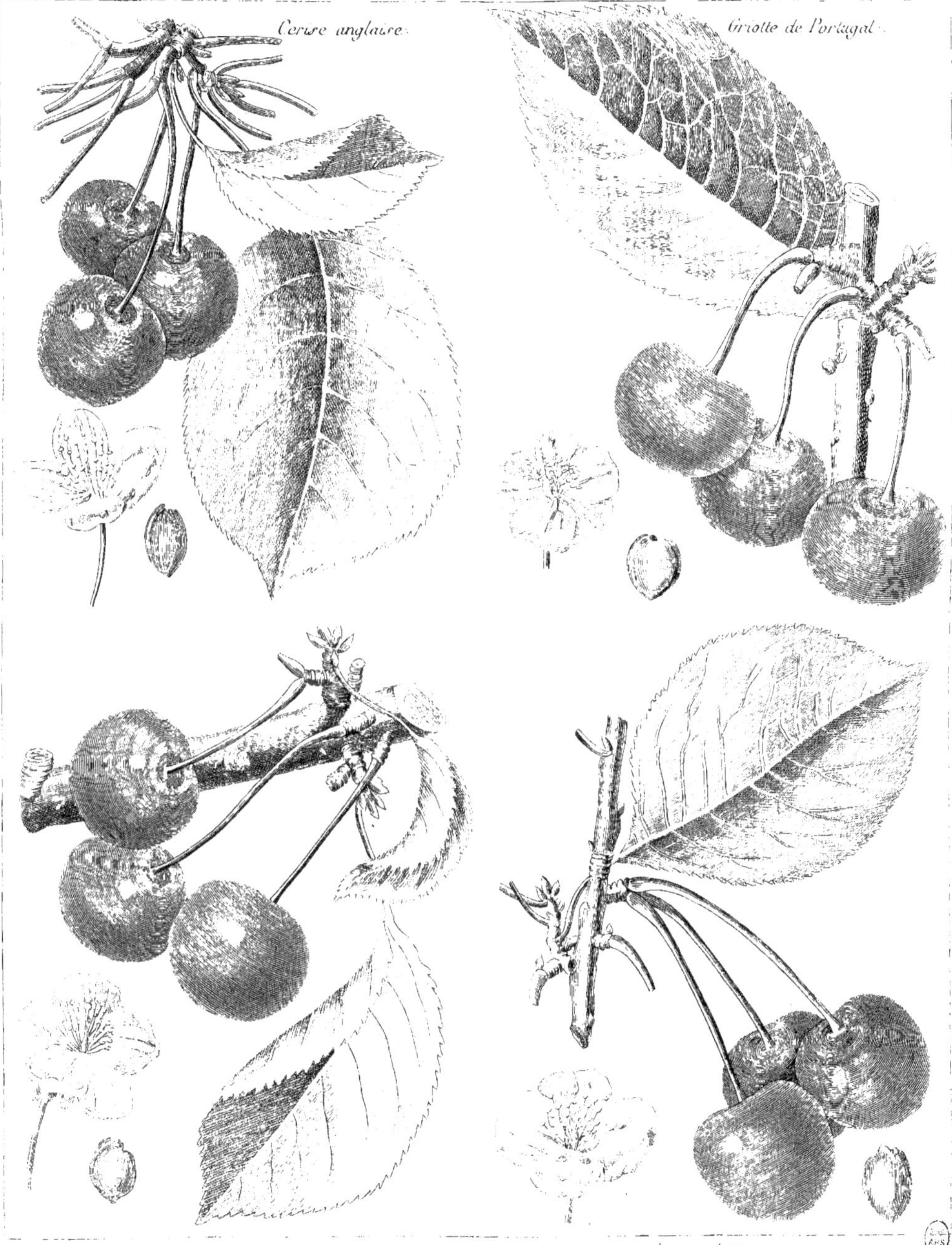

Cerise anglaise.
Griotte de Portugal.
Griotte commune.
Griotte d'Allemagne.

Coing pyriforme.

Coing de Portugal.

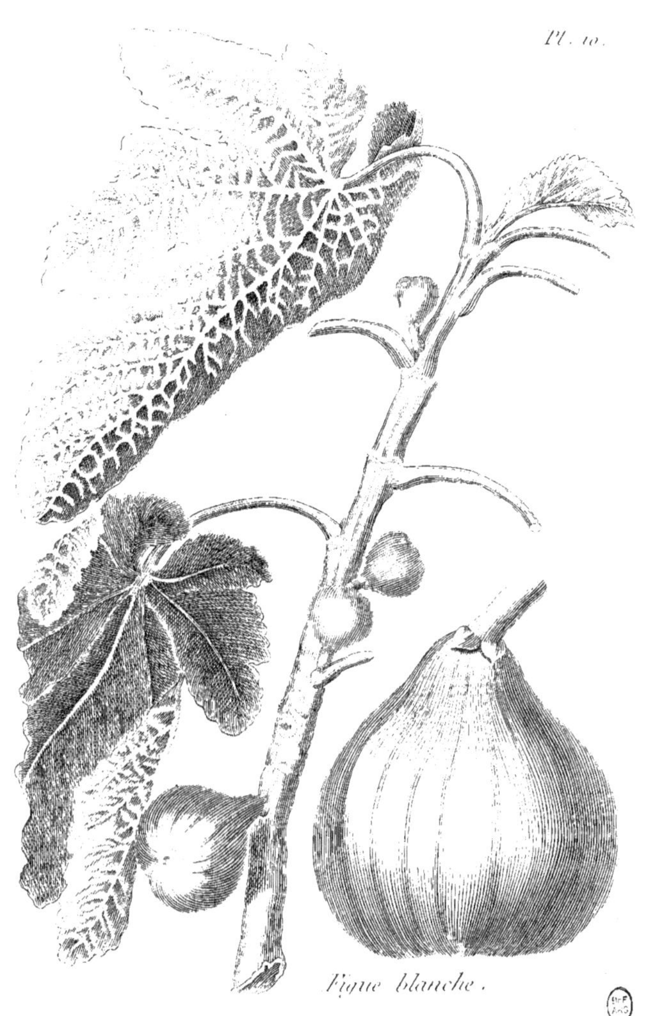

Figue blanche.

Figue de Bordeaux.

Ecarlate de Bath.
Fraisier des Alpes.

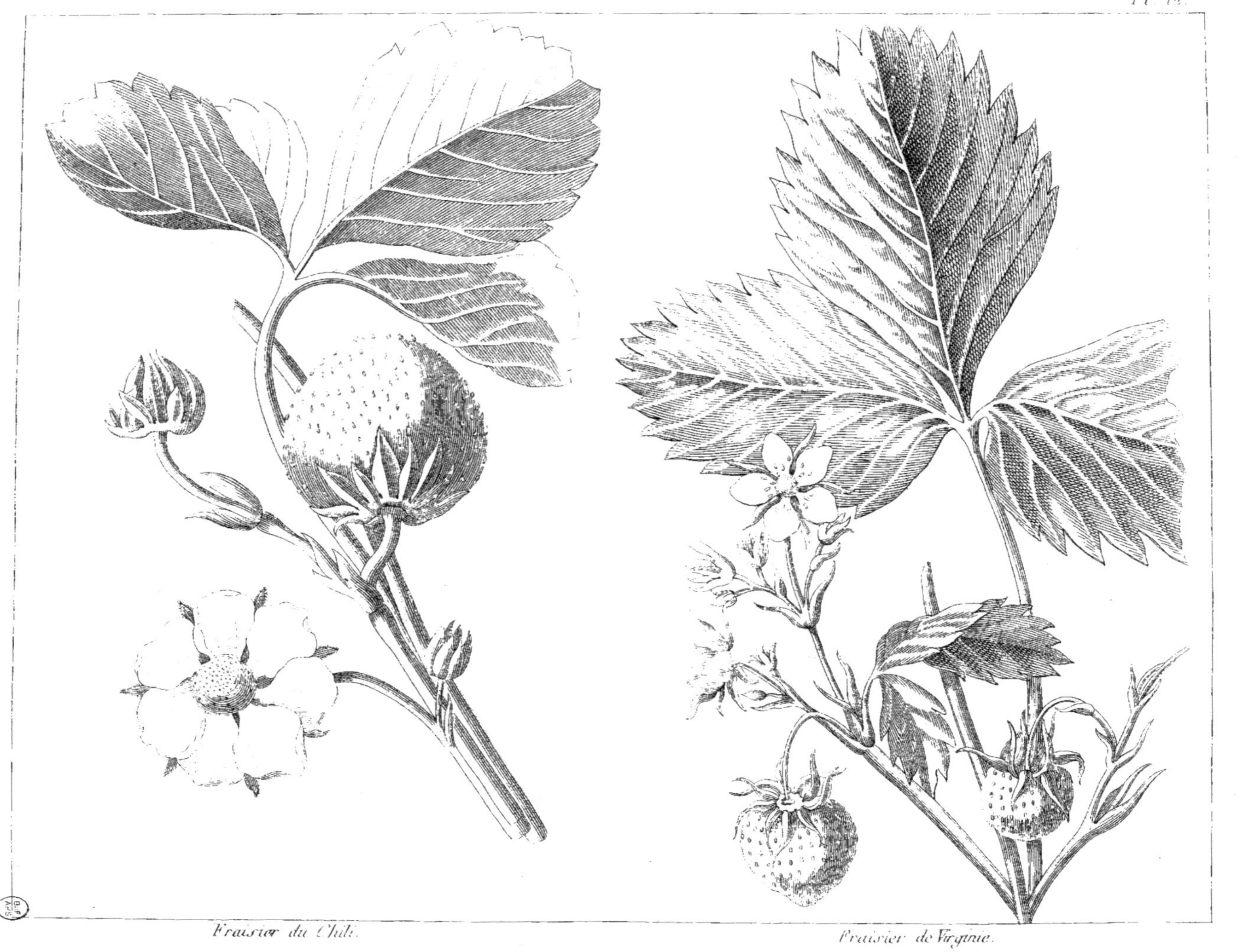
Pl. 12.
Fraisier du Chili.
Fraisier de Virginie.

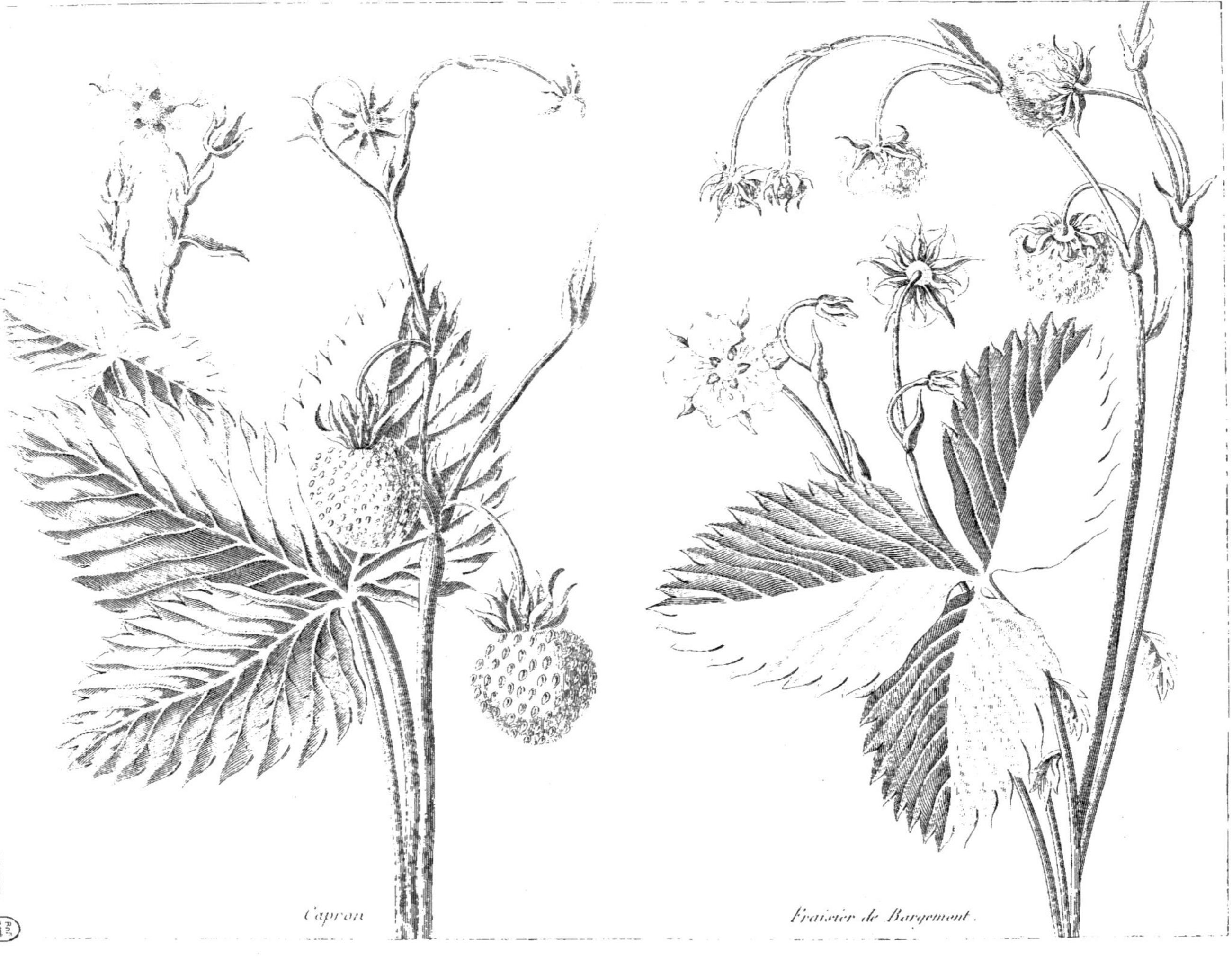

Capron

Fraisier de Bargemont.

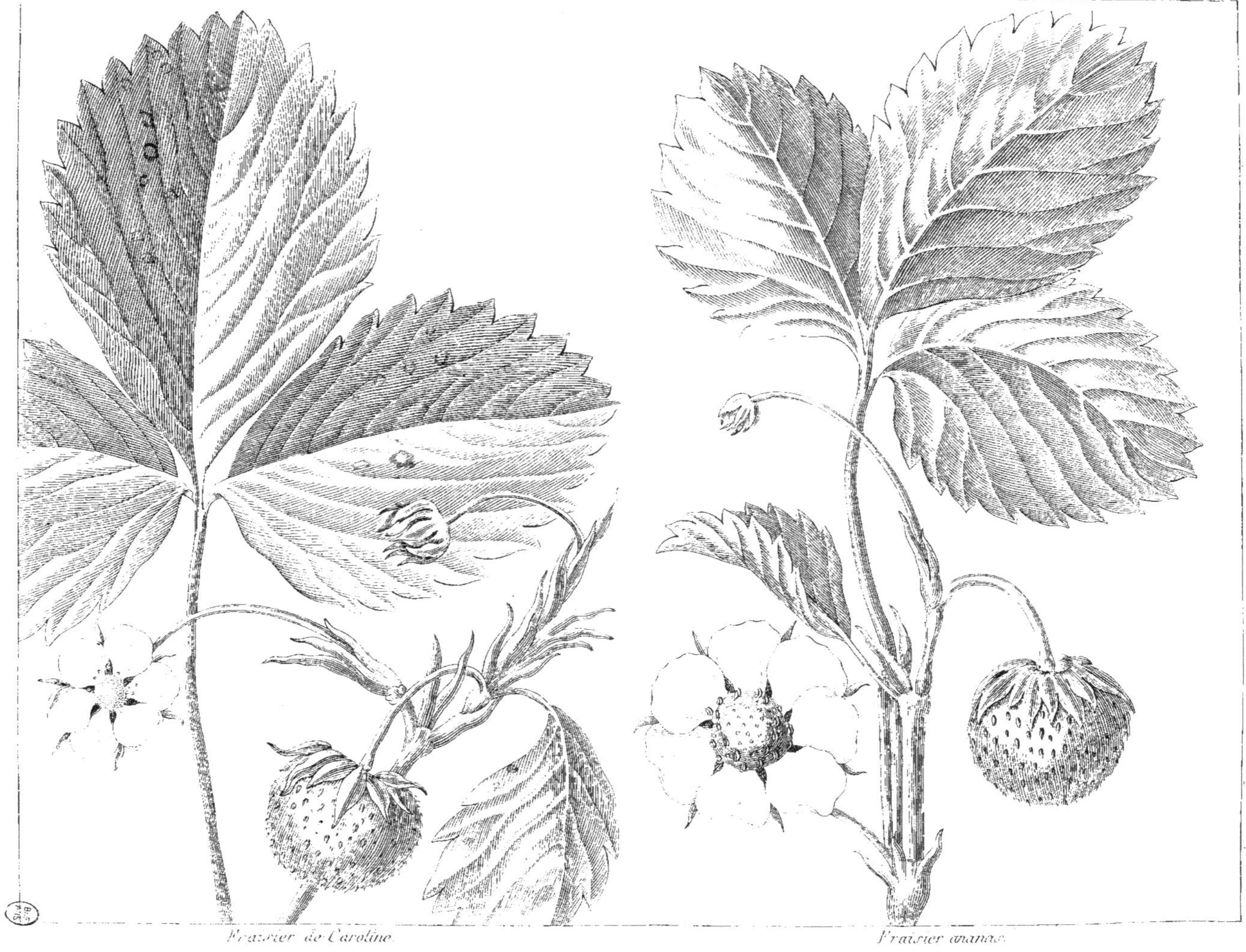

Fraisier de Caroline.
Fraisier ananas.

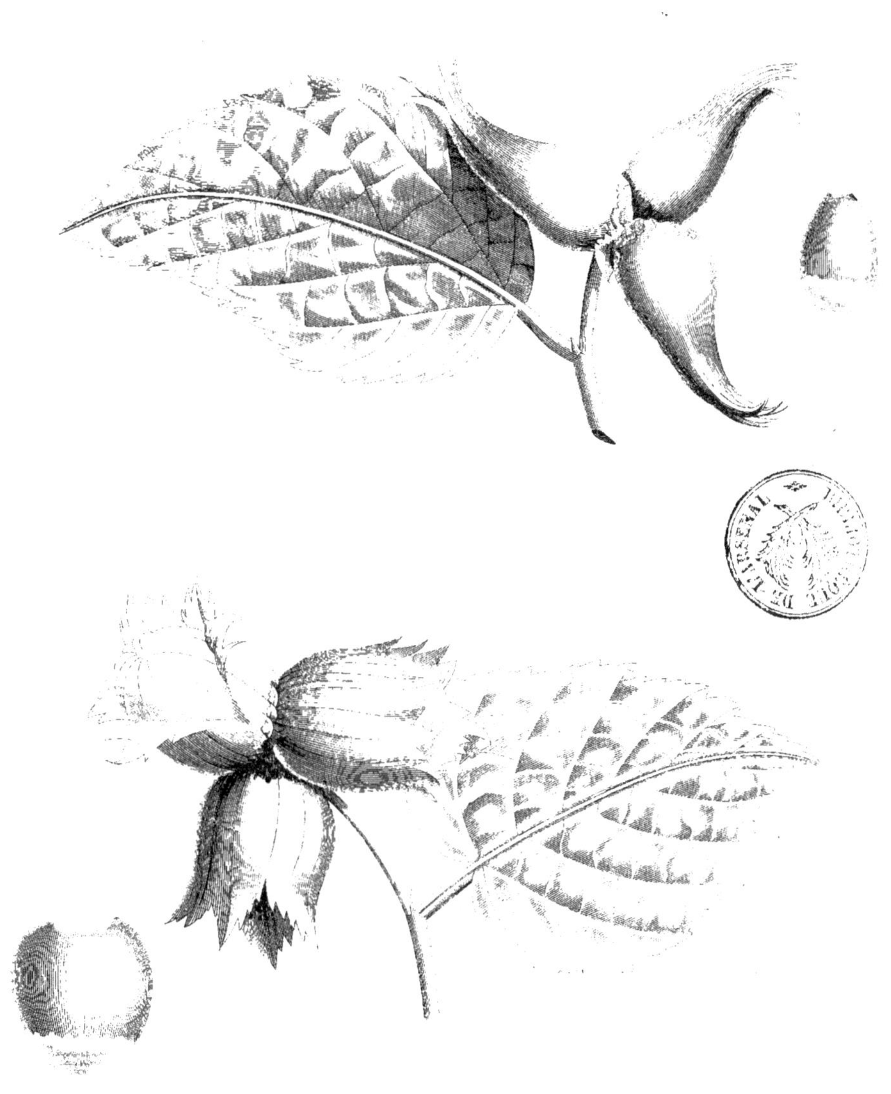

Aveline d'Espagne.

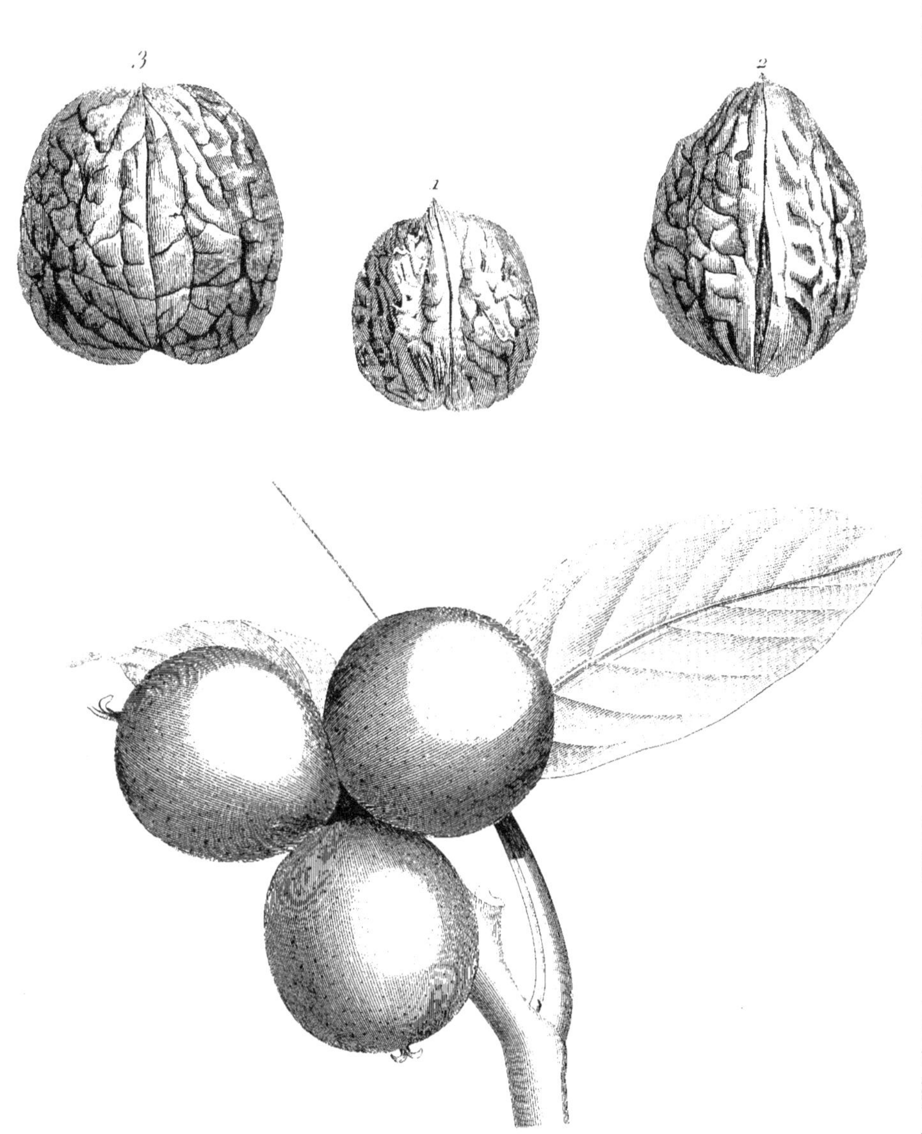

1. Noix ordinaire. 2. Noix de jauge. 3. Noix à Bijoux.

Petite Mignone.
Avant Pêche blanche.
Pl. 17.
Alberge jaune.
Madeleine blanche.

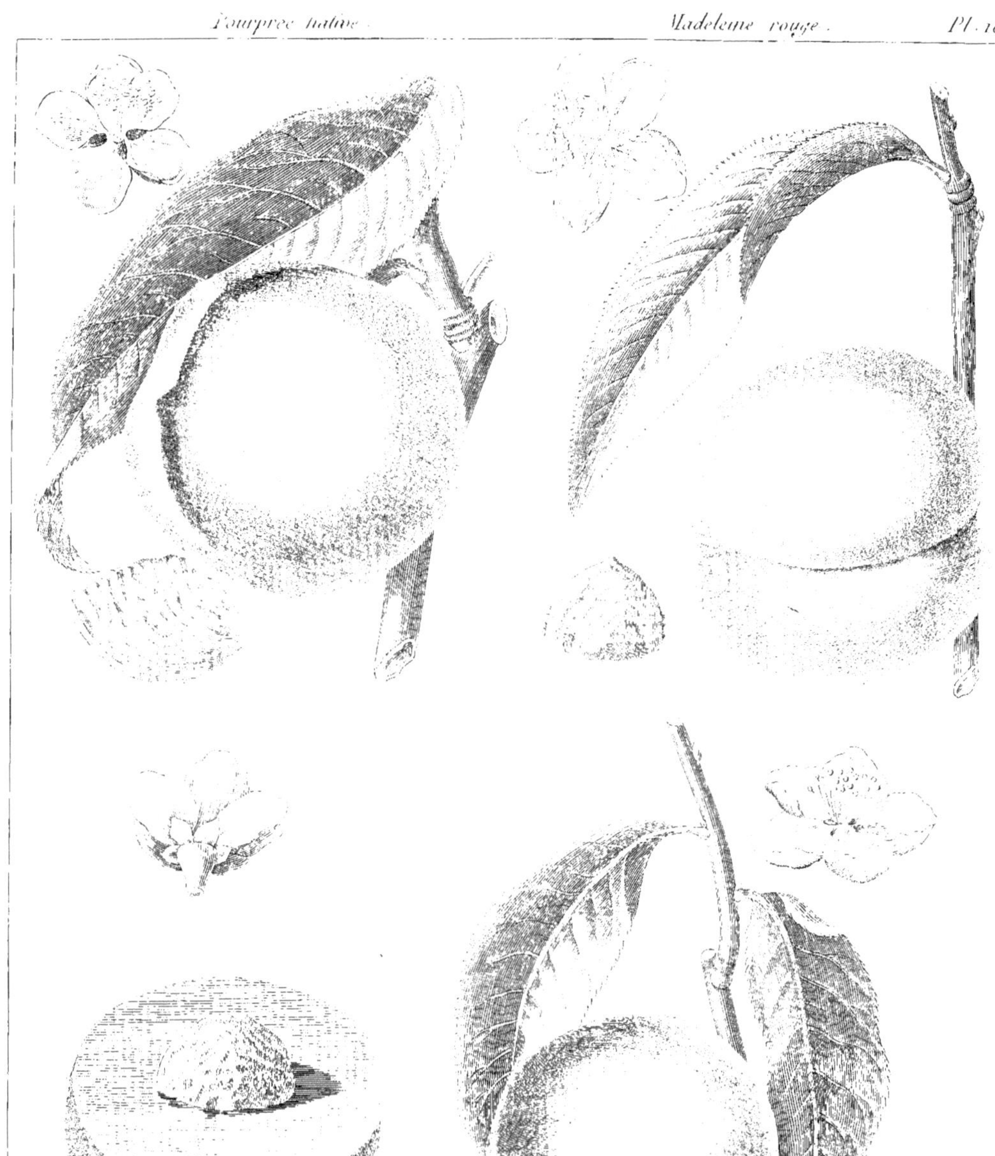

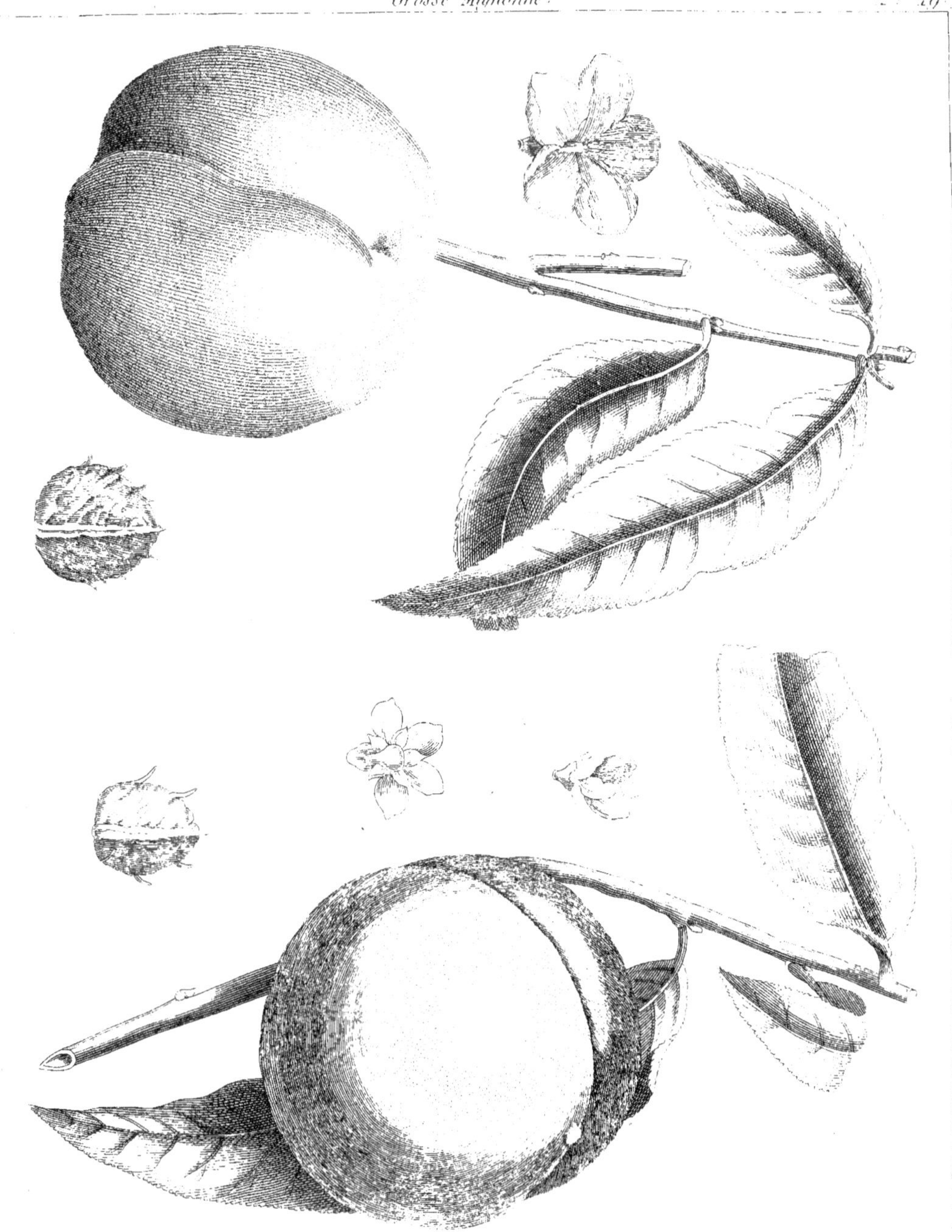

Pourprée tardive.

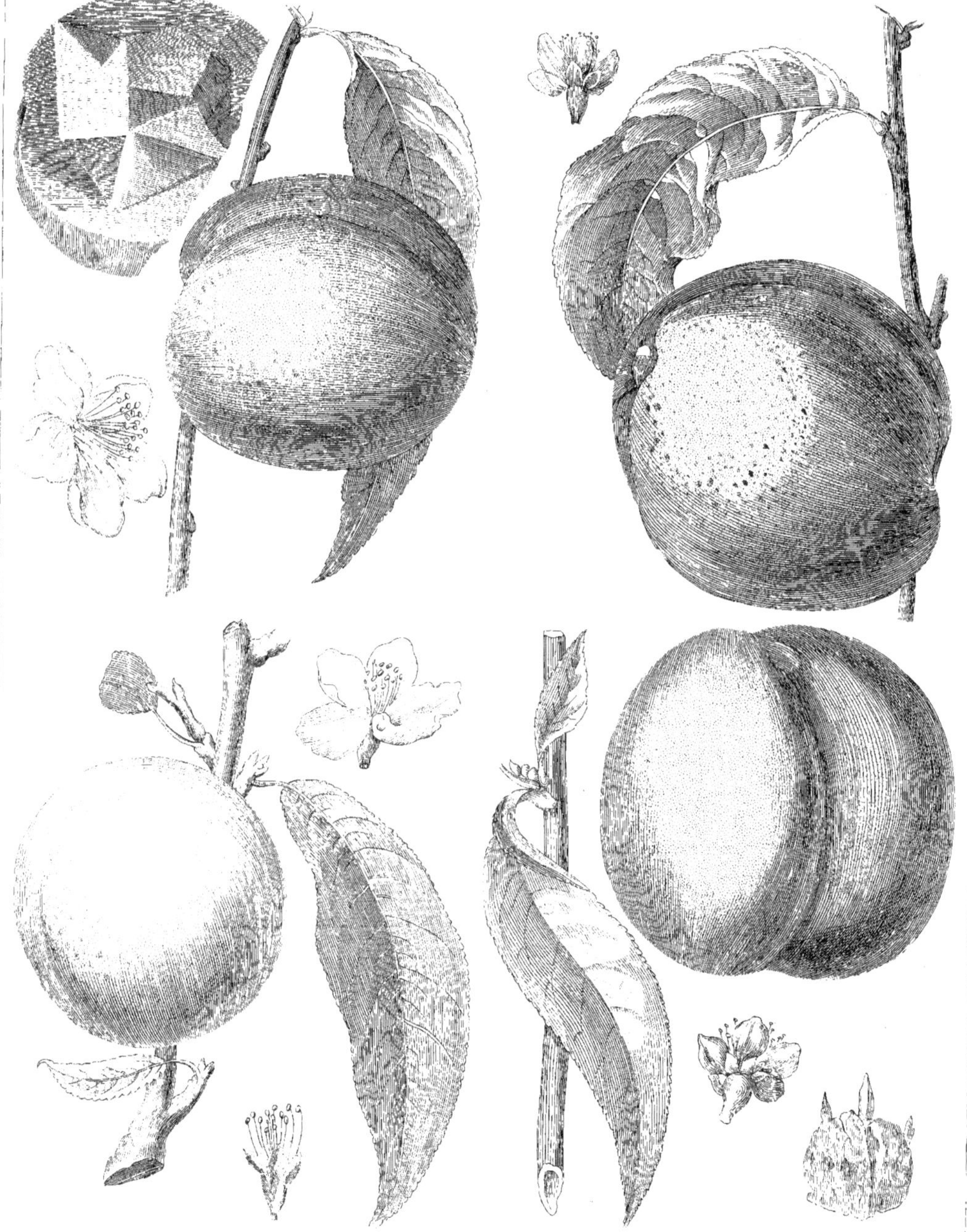

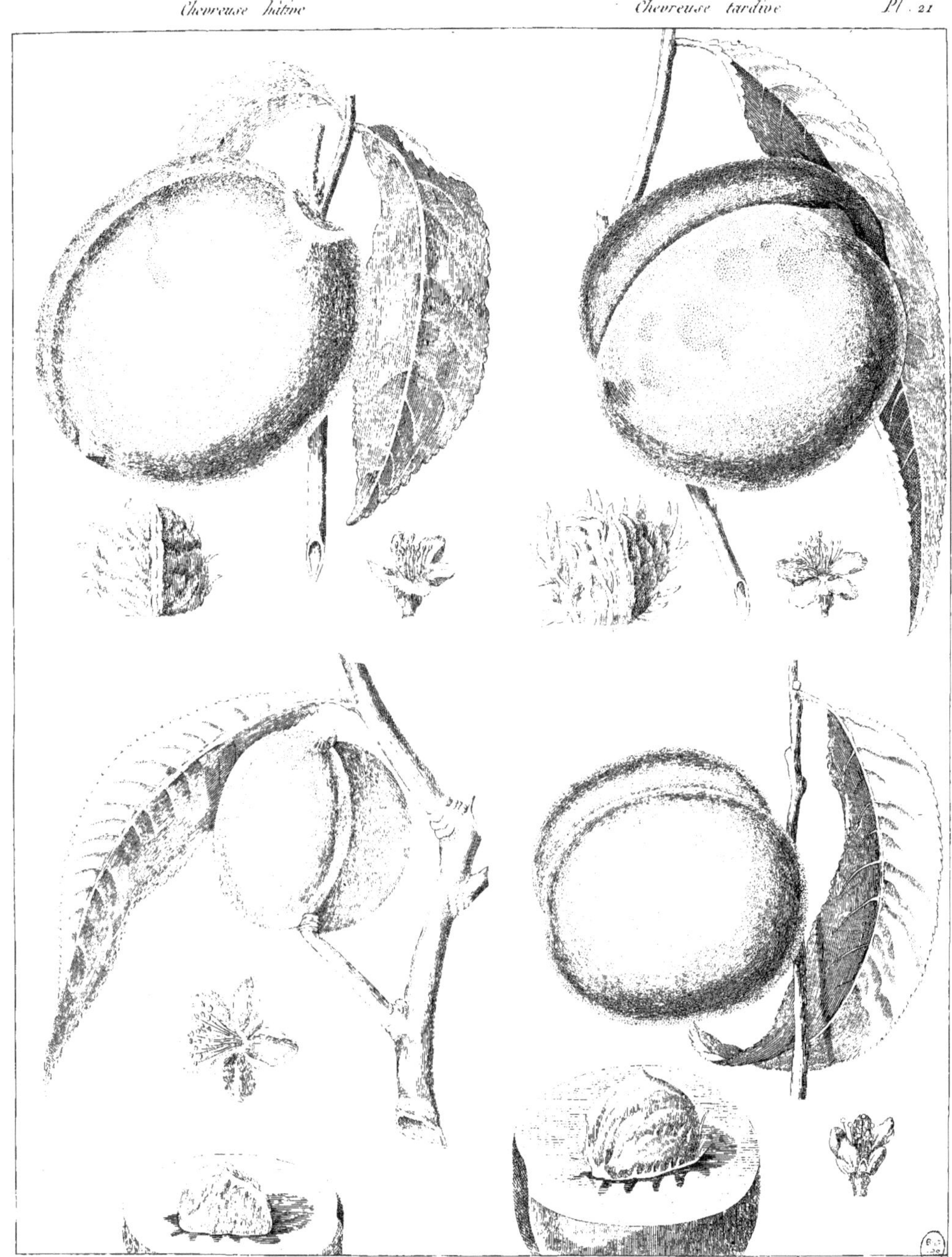

Pêche Cerise   *Grosse Violette hâtive*

Abricotée

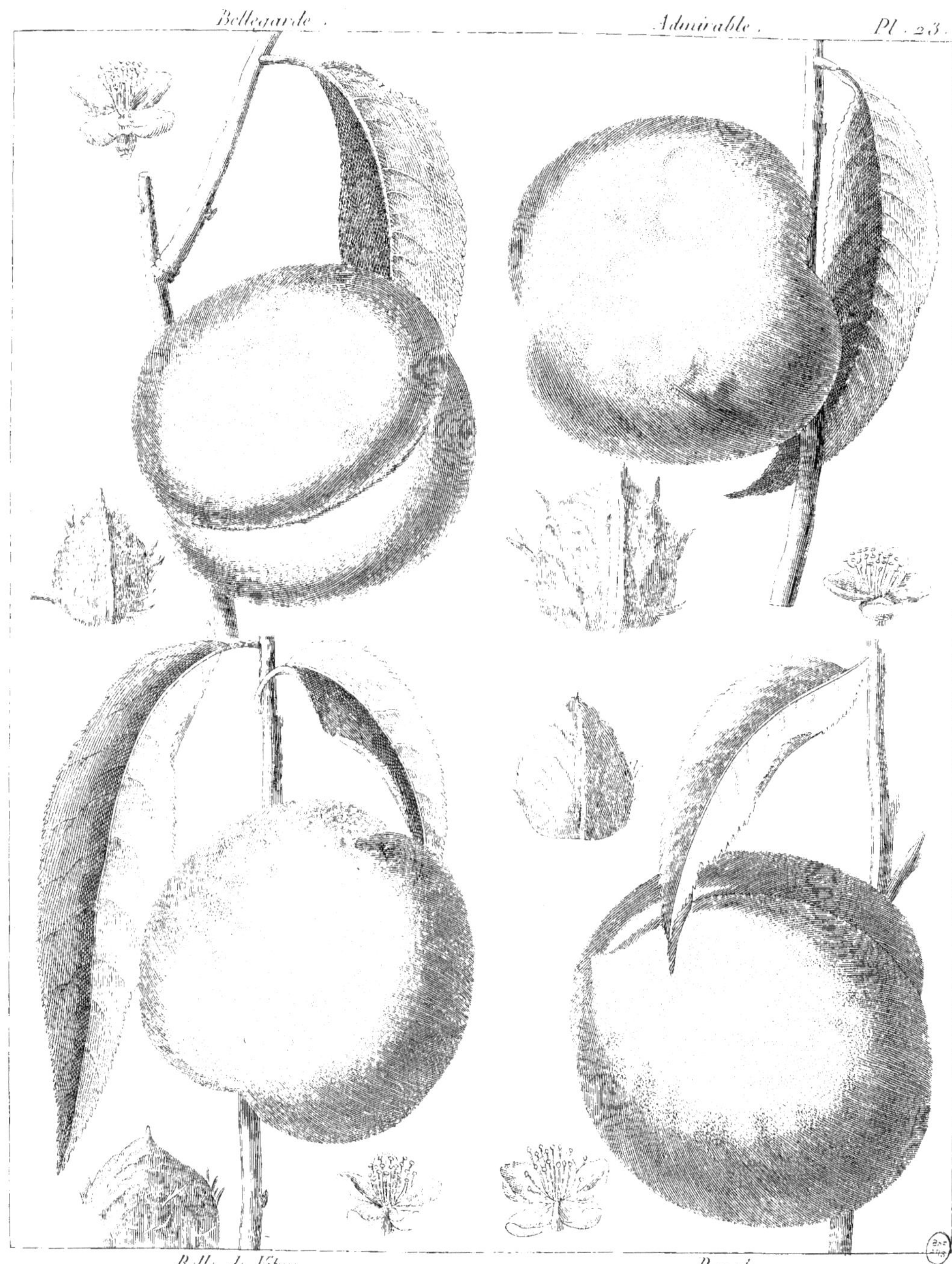

Belle de Vitry .   Royale .

Pêcher nain.

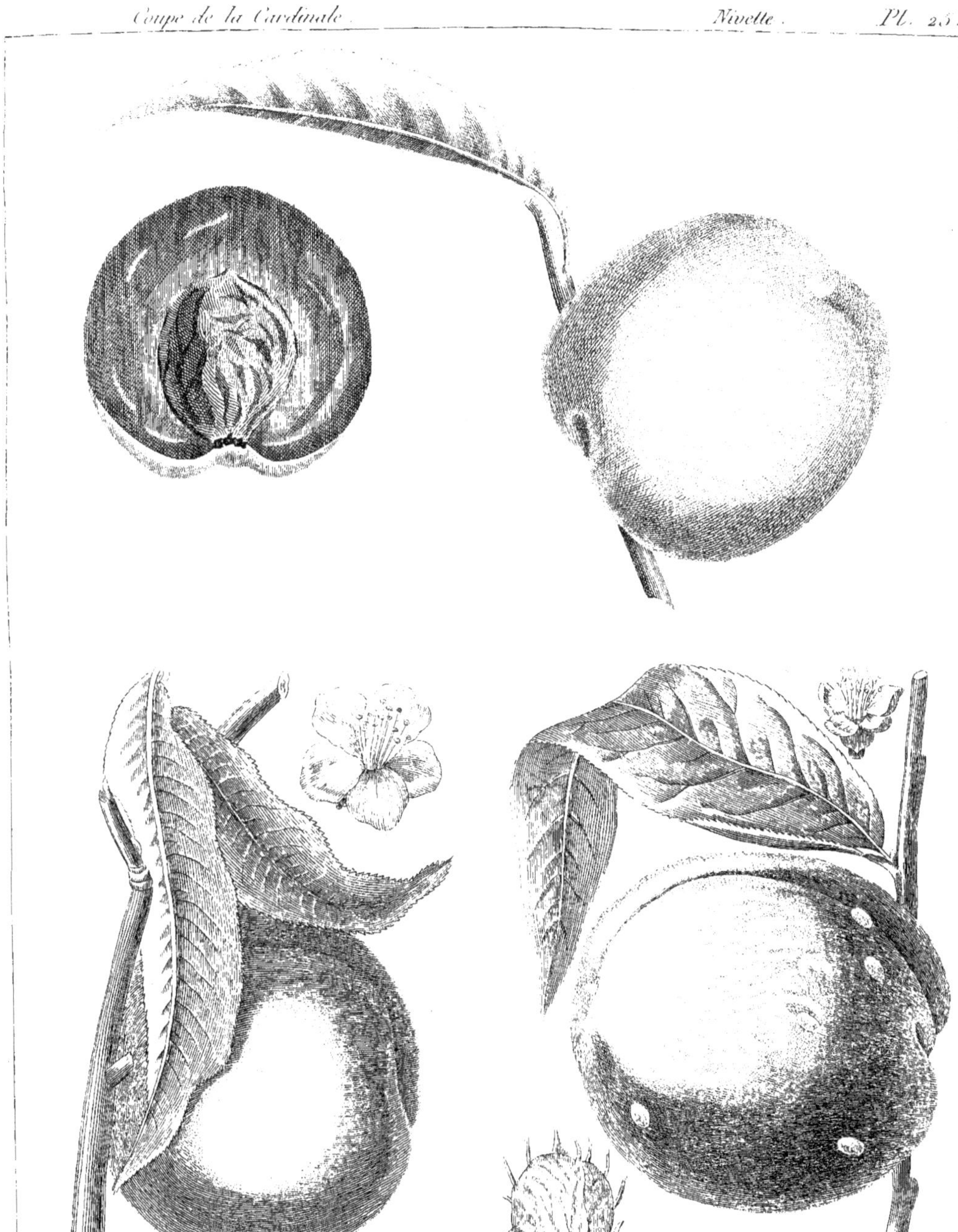

Cardinale.   *Persique.*

Amadotte.
Petit Robert.
Madeleine.
Muscat Robert.

Épine longue.   Cuisse Madame.   Susemihl sc

Chair-à-Dame.   *Salviati.*

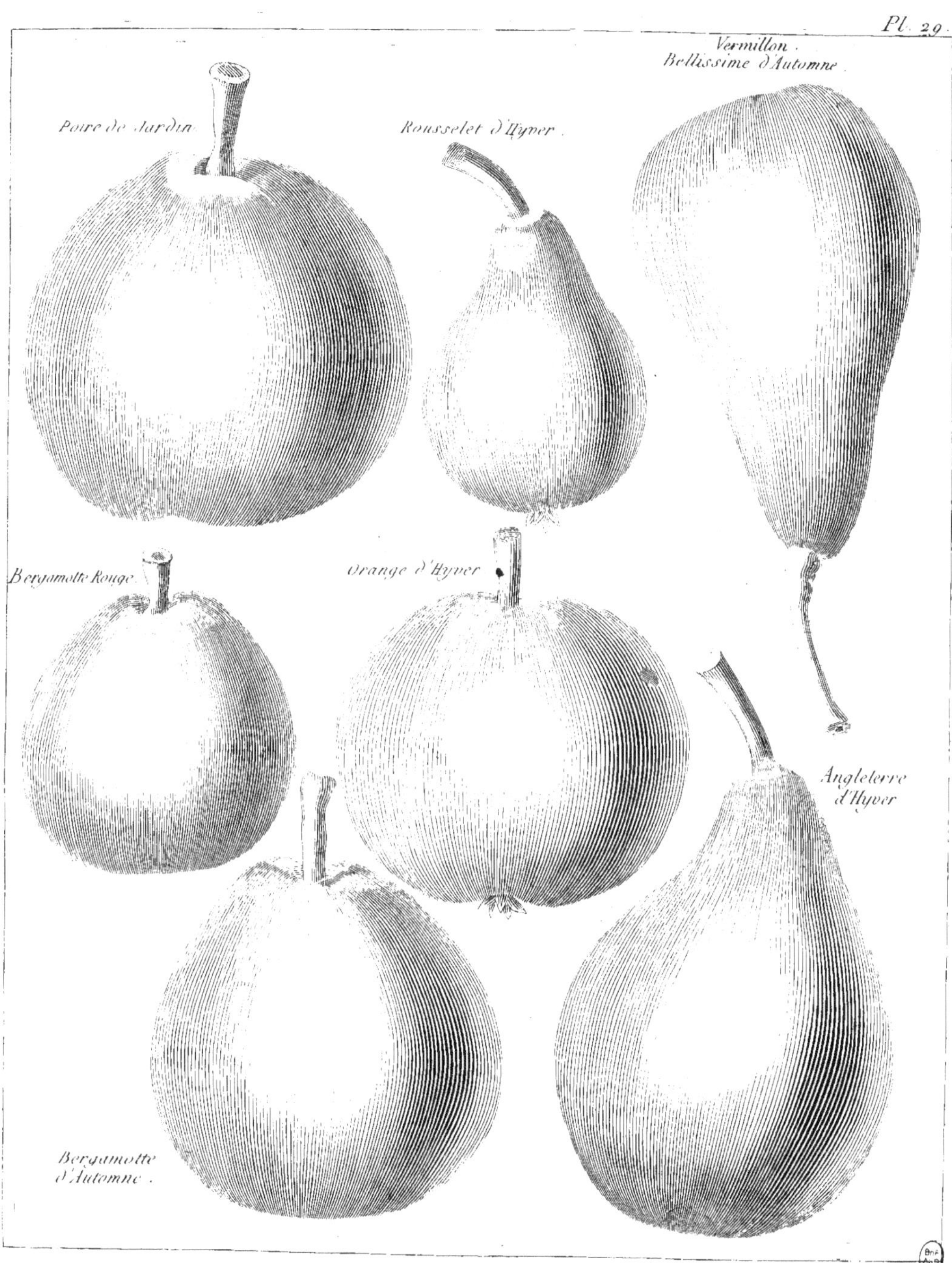
Vermillon.
Bellissime d'Automne.
Poire de Jardin.
Rousselet d'Hyver.
Bergamotte Rouge.
Orange d'Hyver.
Angleterre d'Hyver.
Bergamotte d'Automne.

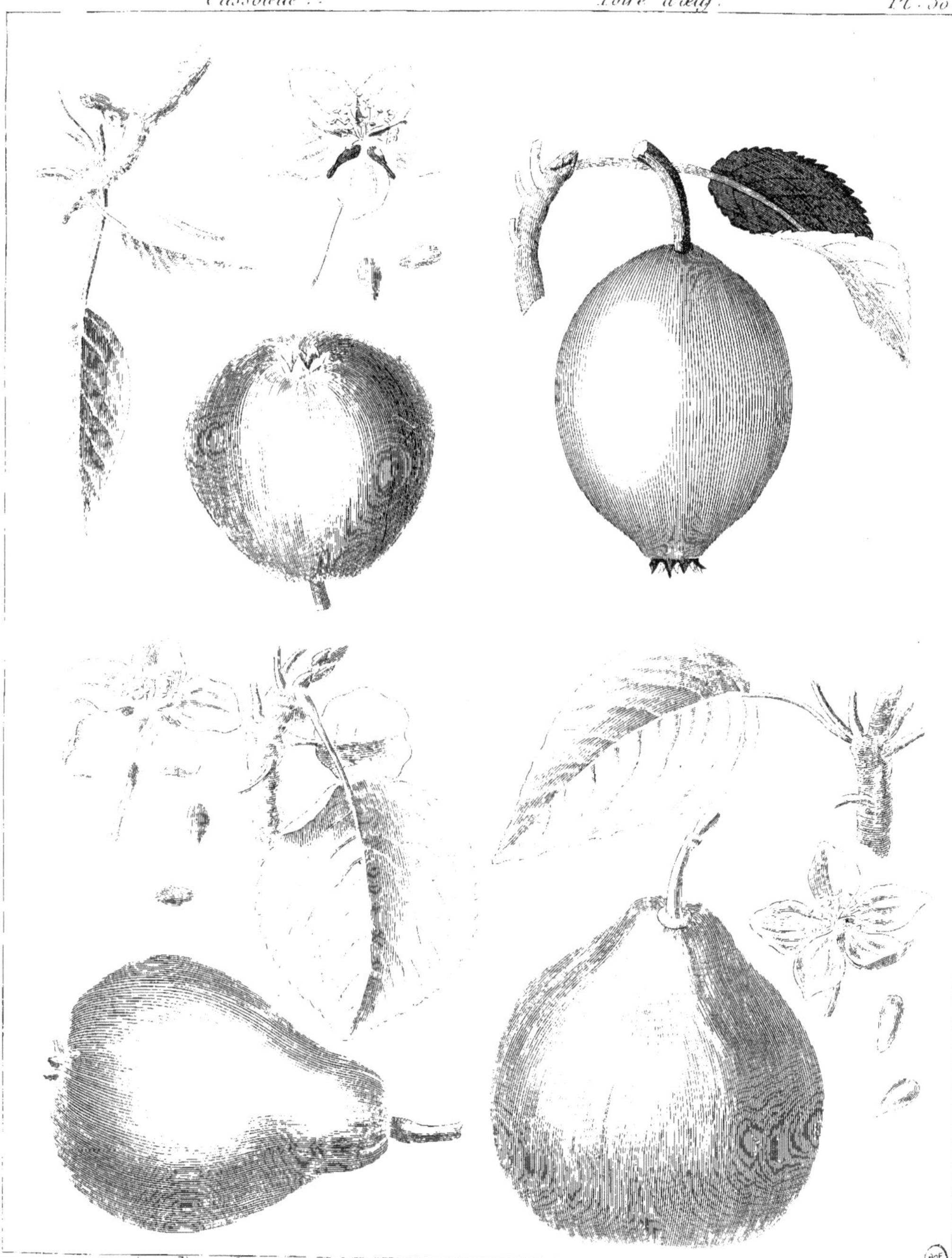

Gros Rousselet.   Bergamotte d'Été.

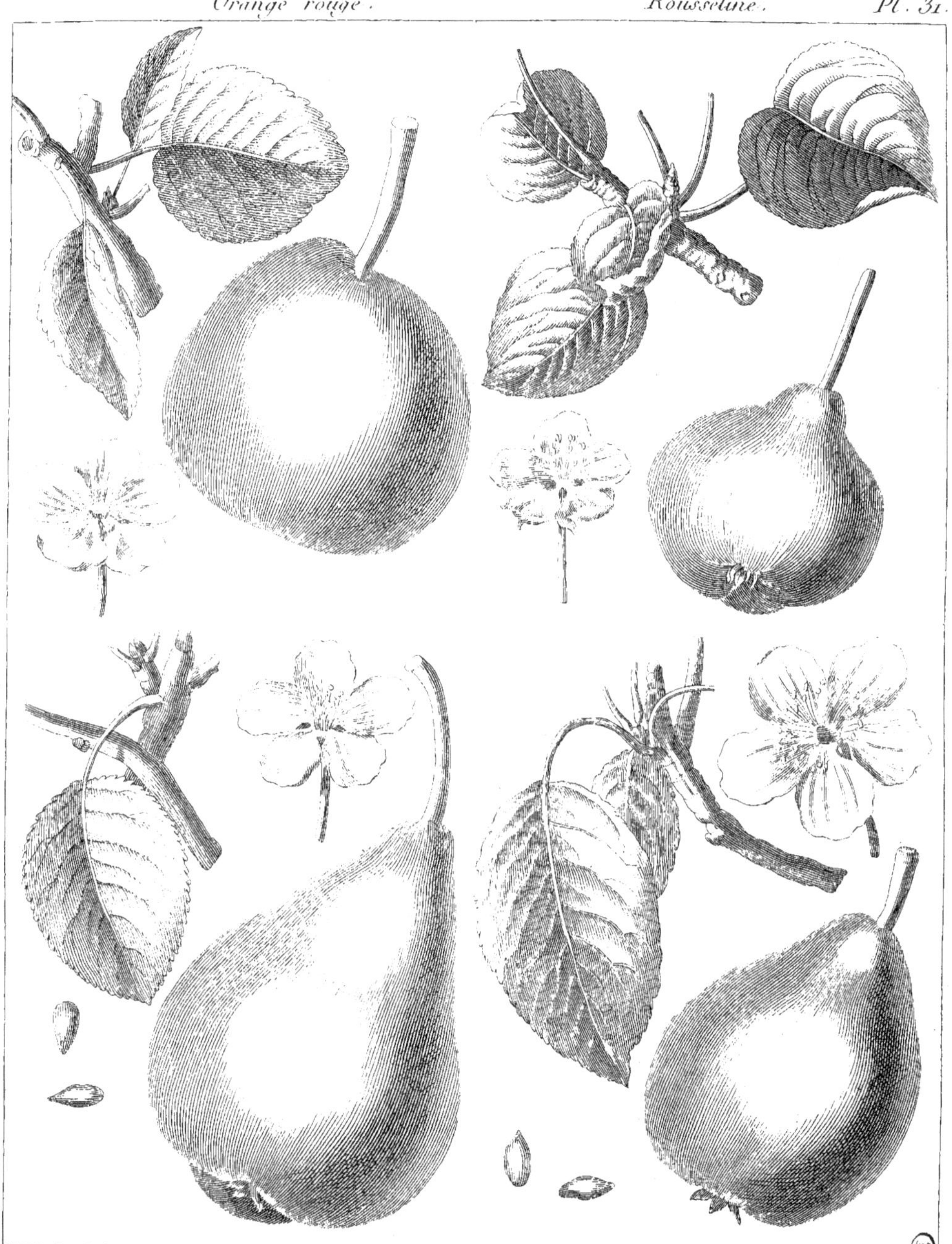

Martin sec.   Rousselet de Rheins.

Marquise. Colmars. Pl. 32.

Crasanne. Virgouleuse.

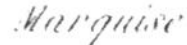

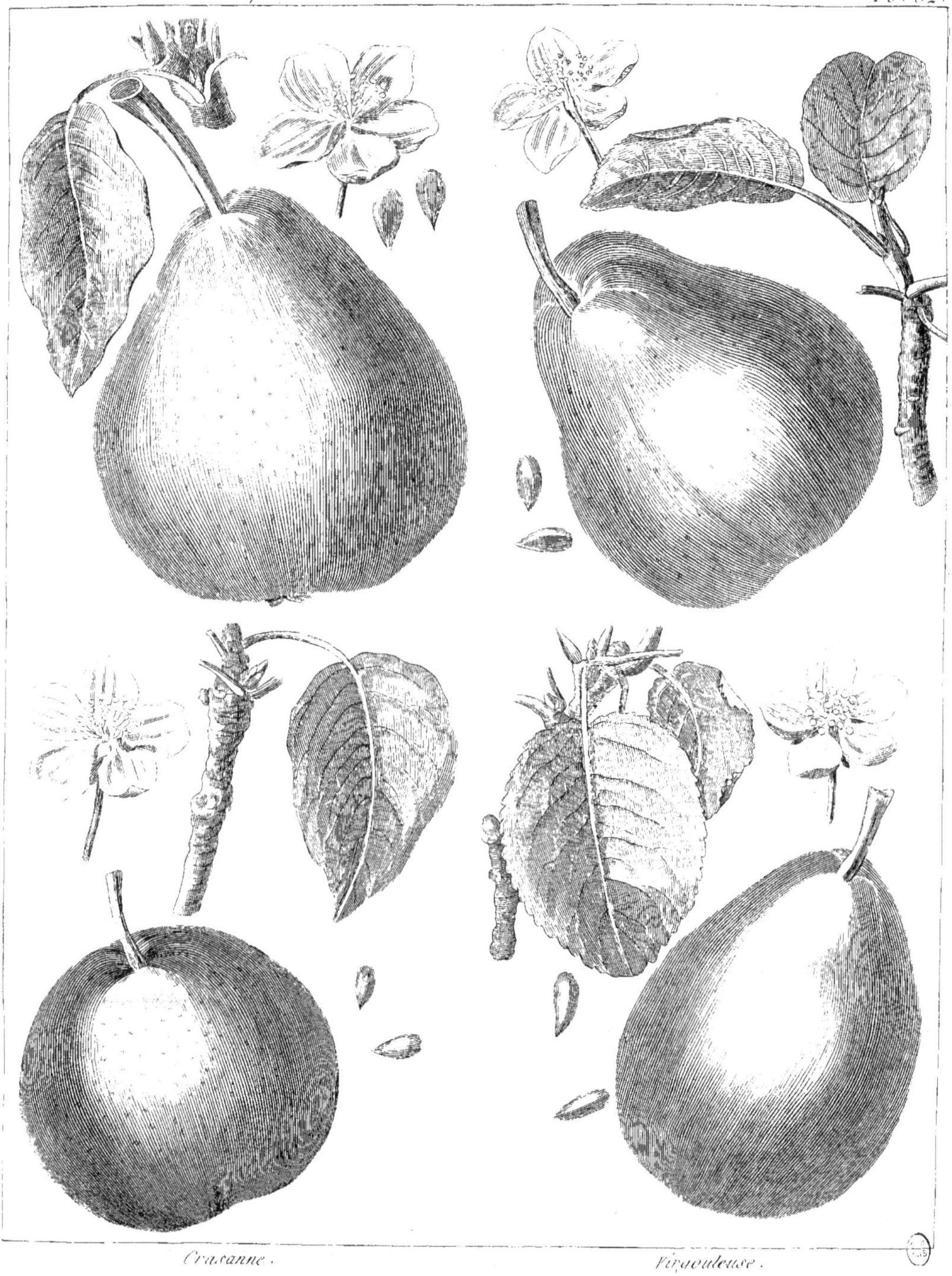

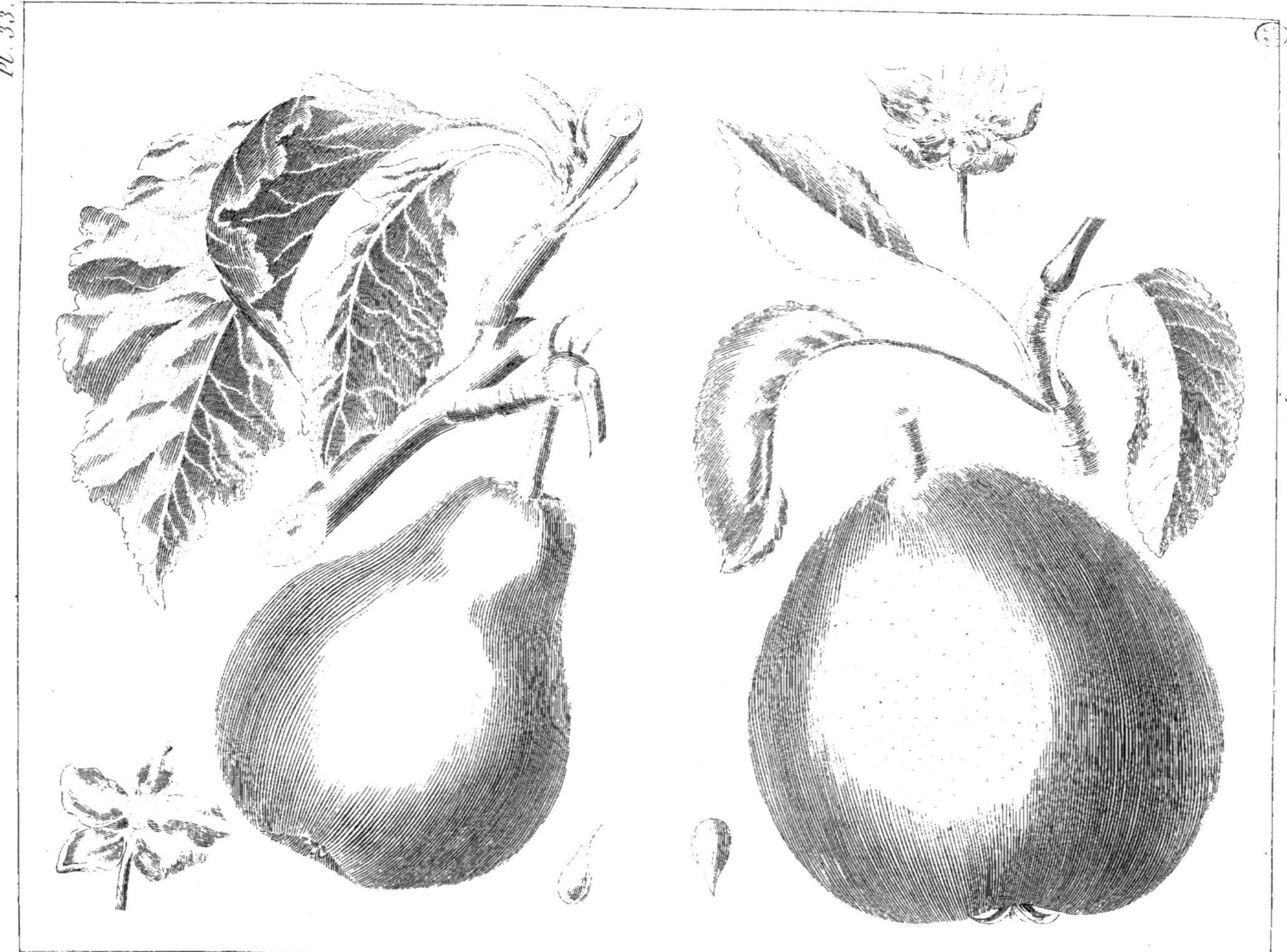

Impériale à feuilles de chêne.

Bergamotte de Pâques.

Bezy de Quessoy.   Ambrette.

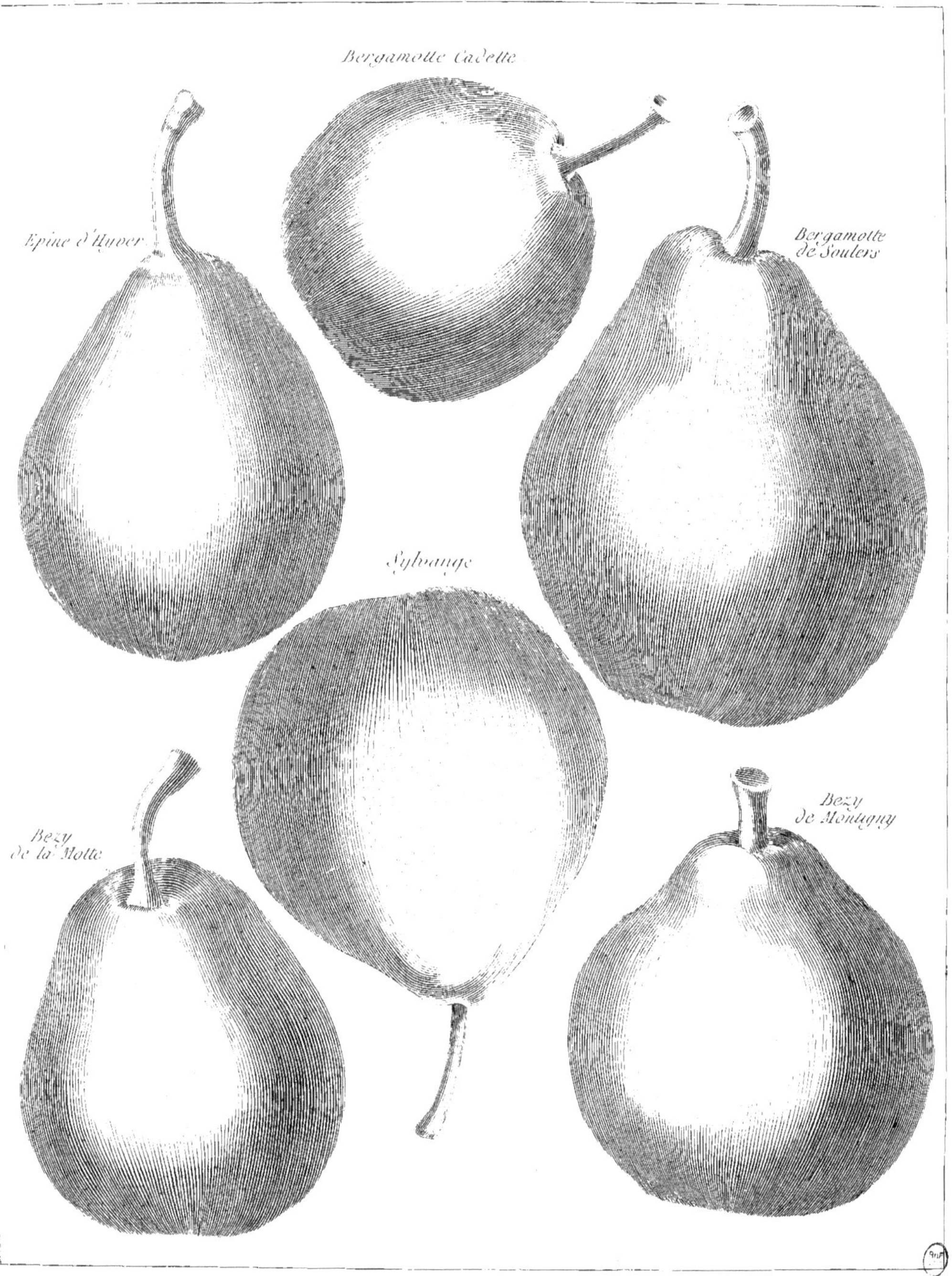
Bergamotte Cadette
Epine d'Hyver
Bergamotte de Soulers
Sylvange
Bezy de la Motte
Bezy de Montigny

Double fleur.   Poire de Naples.

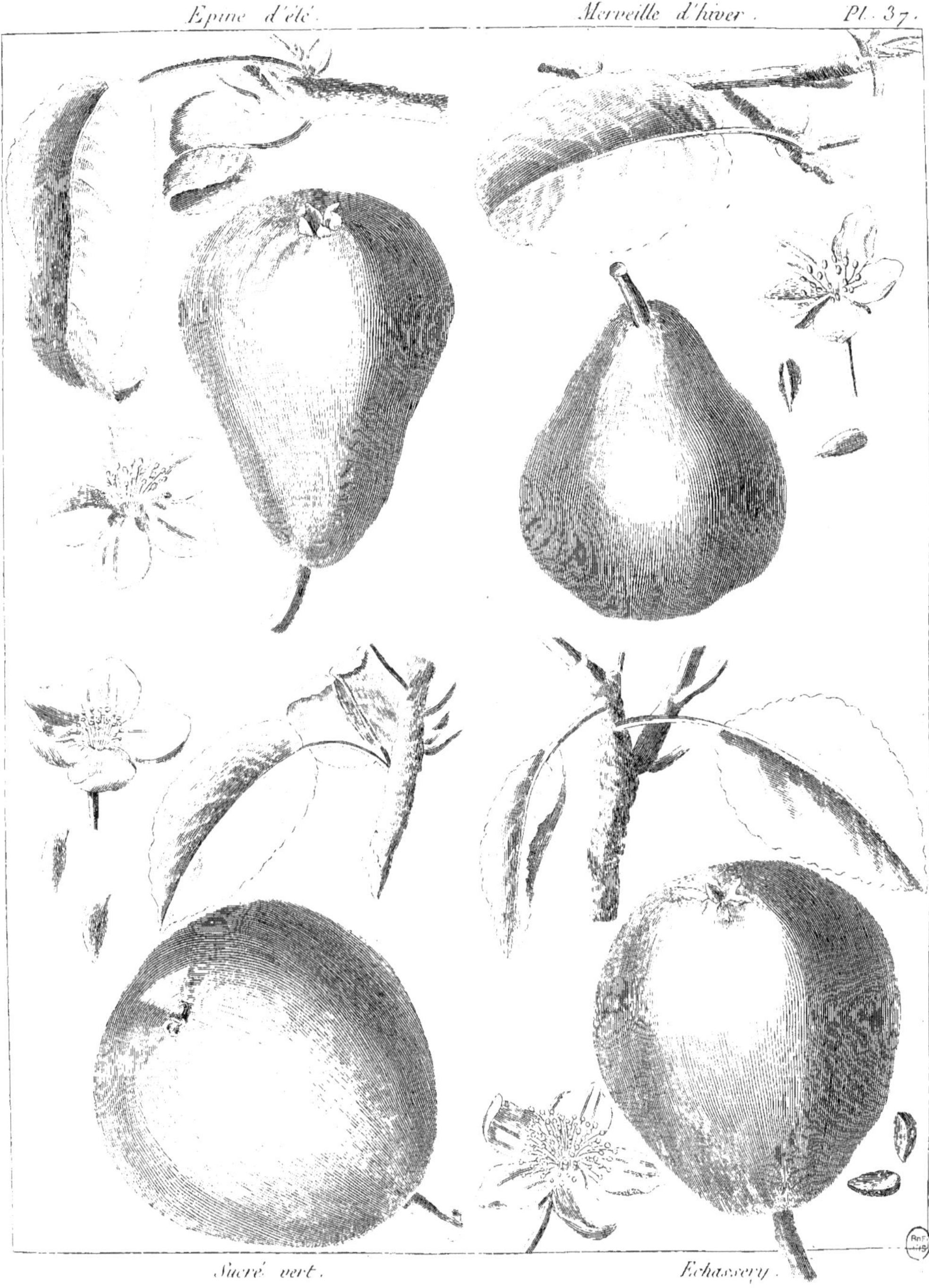

Sucré vert.   Echassery.

Muscat Lalleman.   *Royale d'hiver.*

Beurré d'Angleterre.   Bezy de Chaumontel.

St. Germain.   Pastorale.

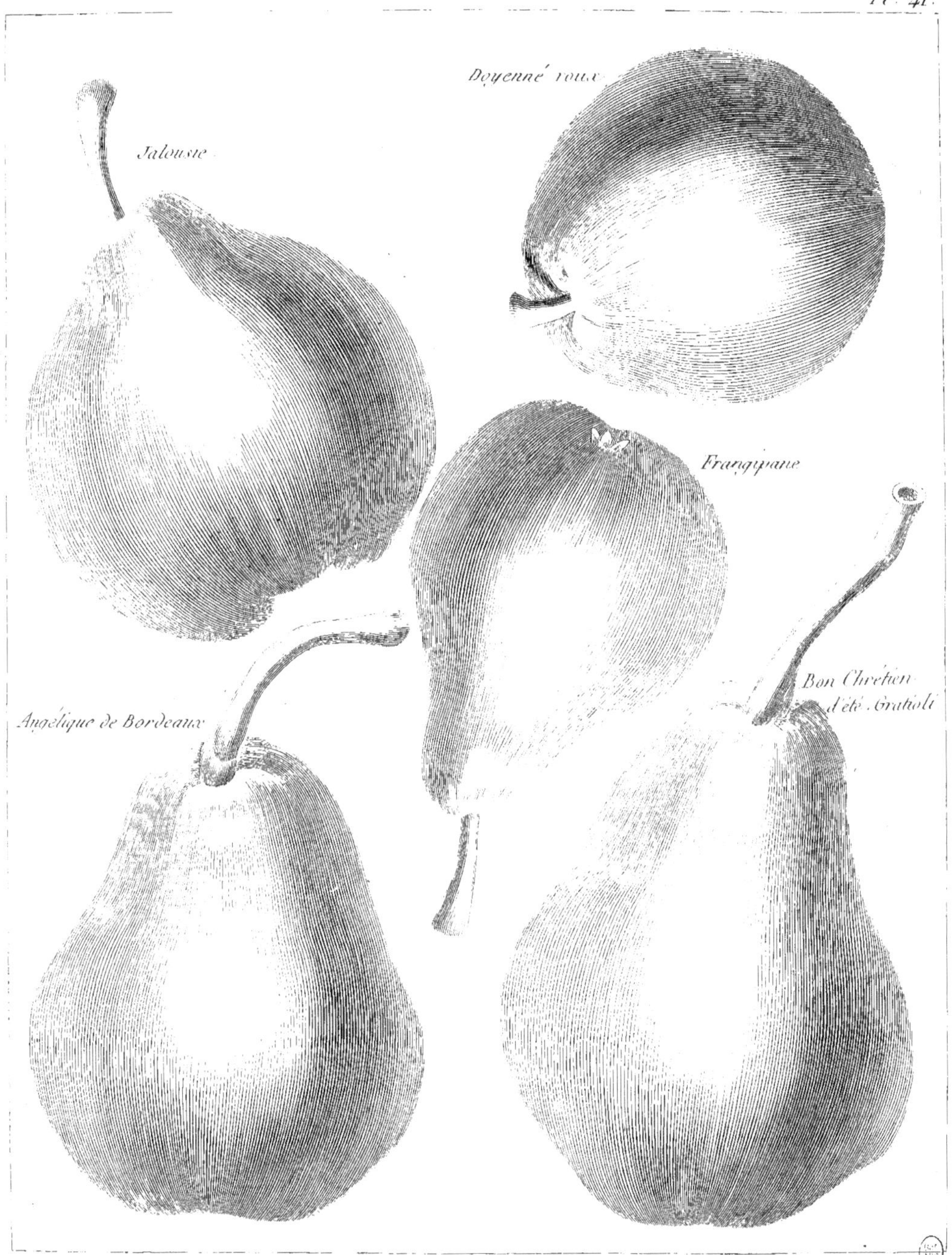
Doyenné roux
Jalousie
Frangipane
Angélique de Bordeaux
Bon Chrétien
d'été. Gratioli

Pl. 42.
Bon Chrétien d'Espagne.
Bon Chrétien d'hiver.

Tonneau.
Vigne Demoiselle.
Mansuette.
St Augustin.
Catillac.

Sanguinole.

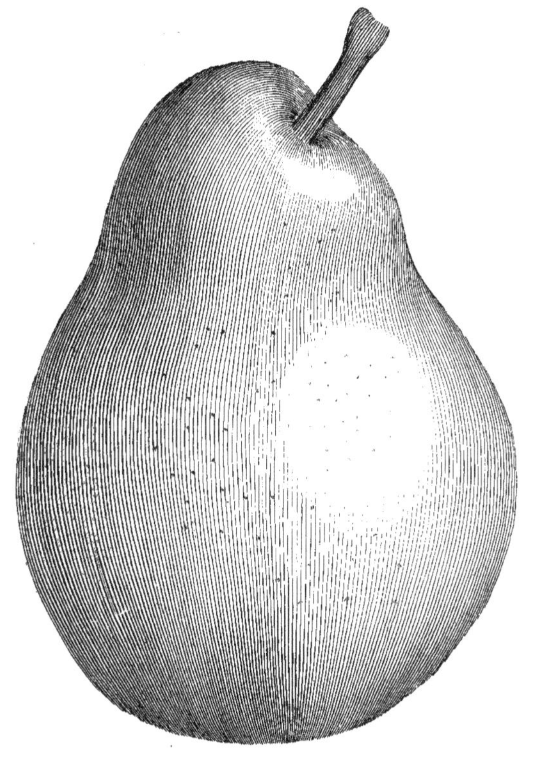

Chaptal.

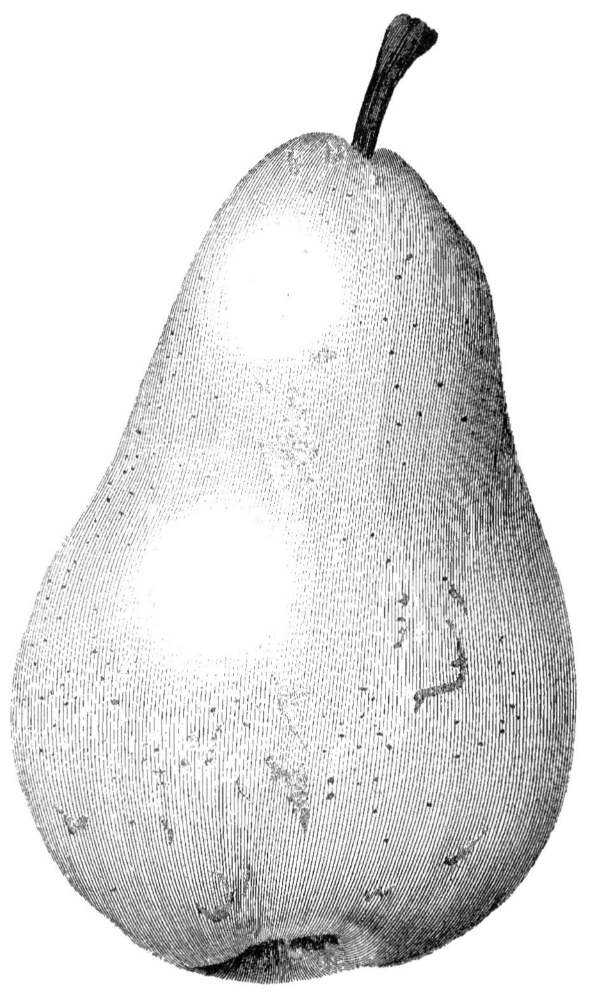

Saint Germain

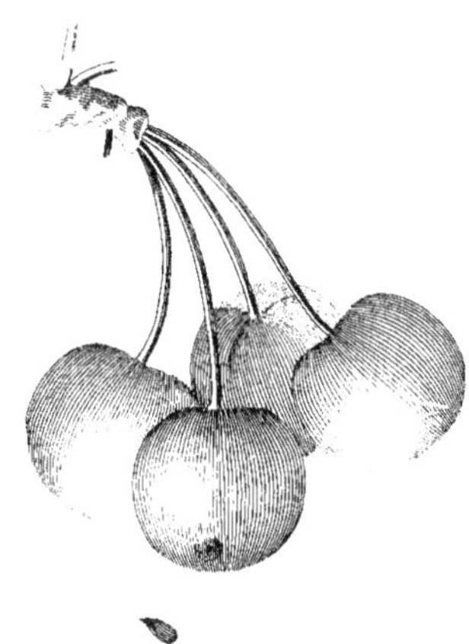

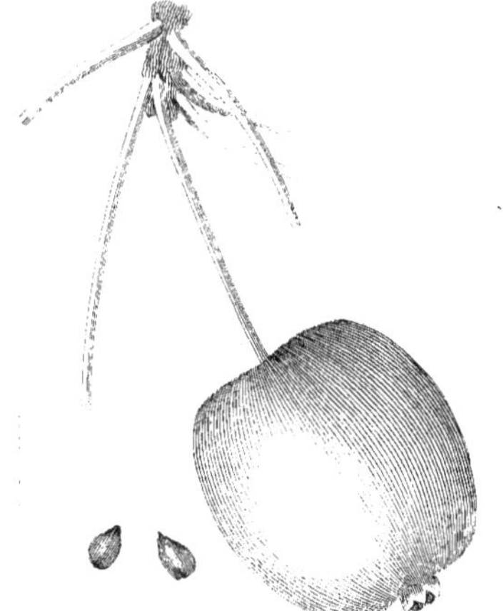

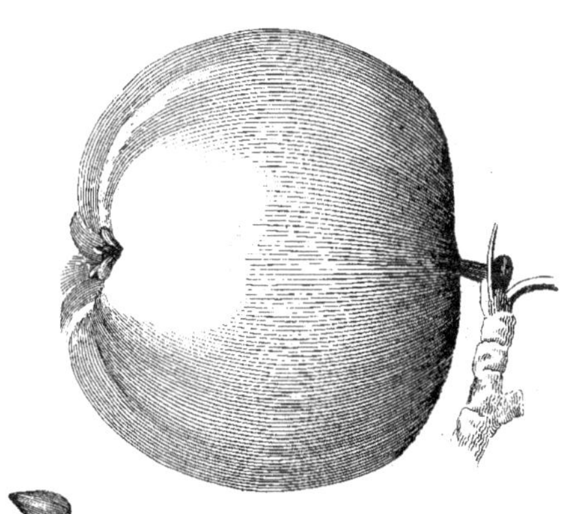

Hybride.   *Doucin.*

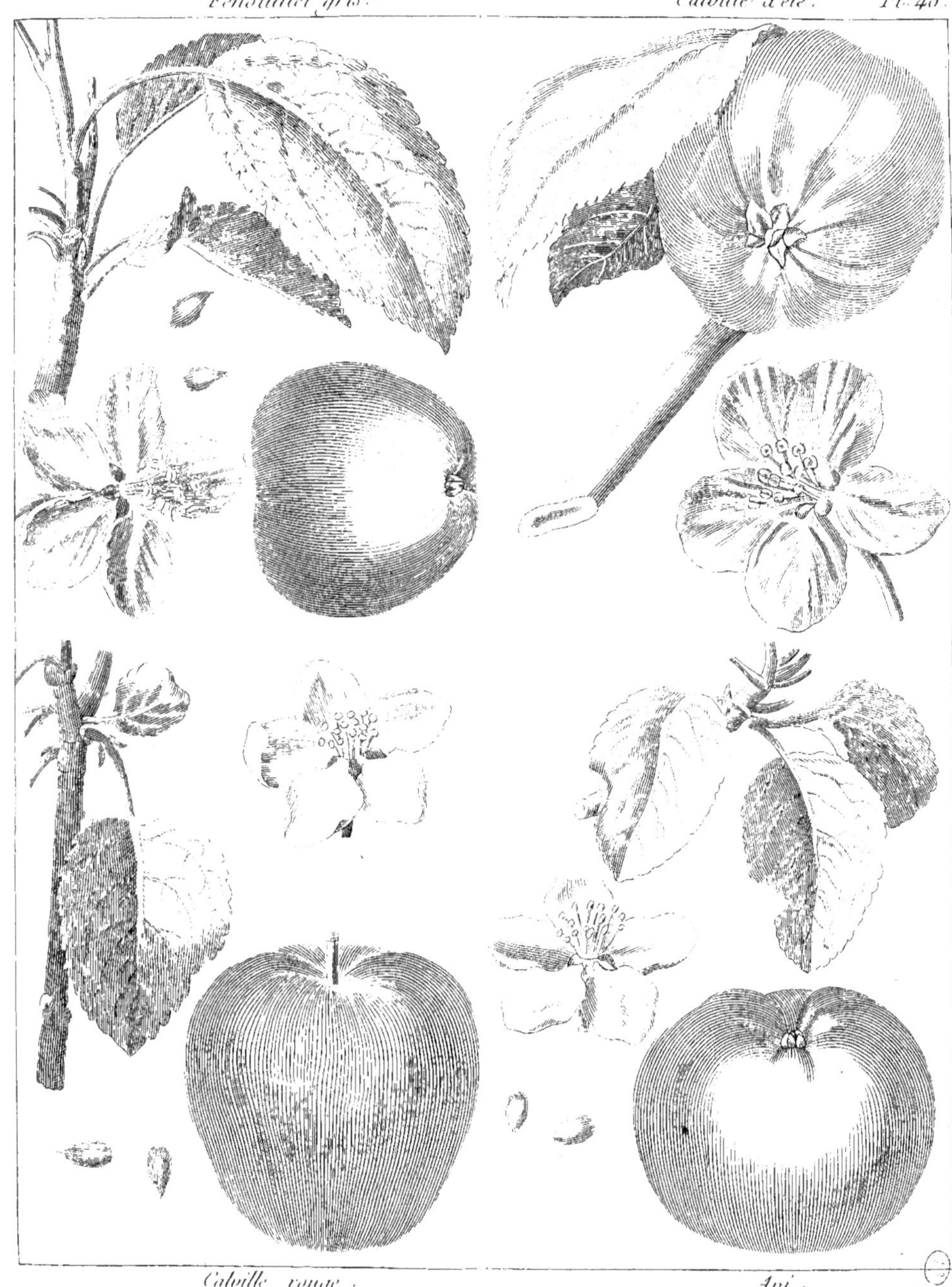

Calville rouge.   *Api.*

Calville blanc.

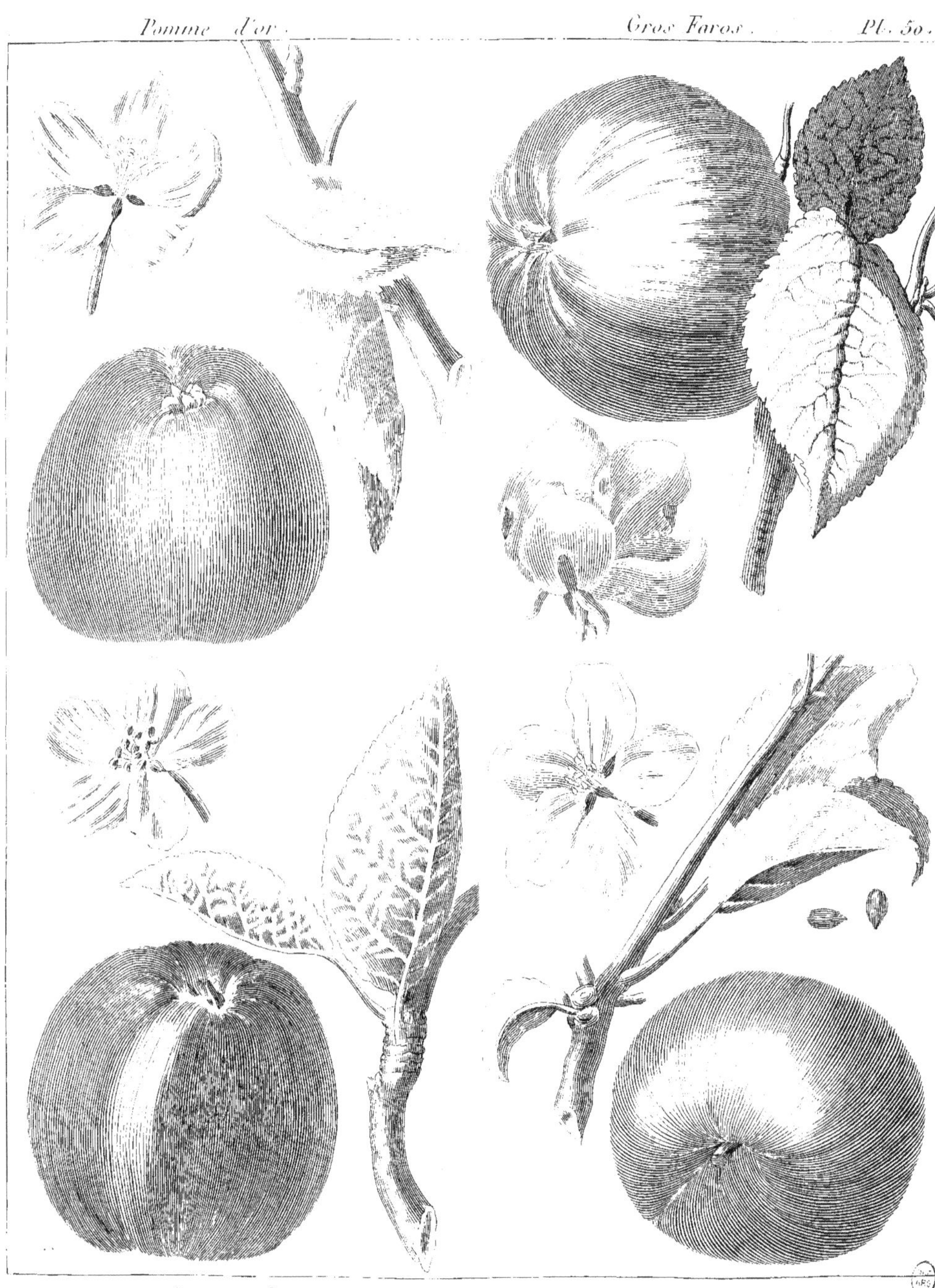

Court-pendu.   Fenouillet Rouge.

1 Haute Bonté. 2 Non-Pareille 3 Pigeon. 4 Drap-d'Or. 5 Reinette d'Angleterre.

Reinette franche.

Rambour franc.

Roinette de Canada.

Perdrigon violet .   Royale

Damas de Maugeron. *Damas de Septembre.* Pl. 54.

Damas d'Italie. *Damas violet.*

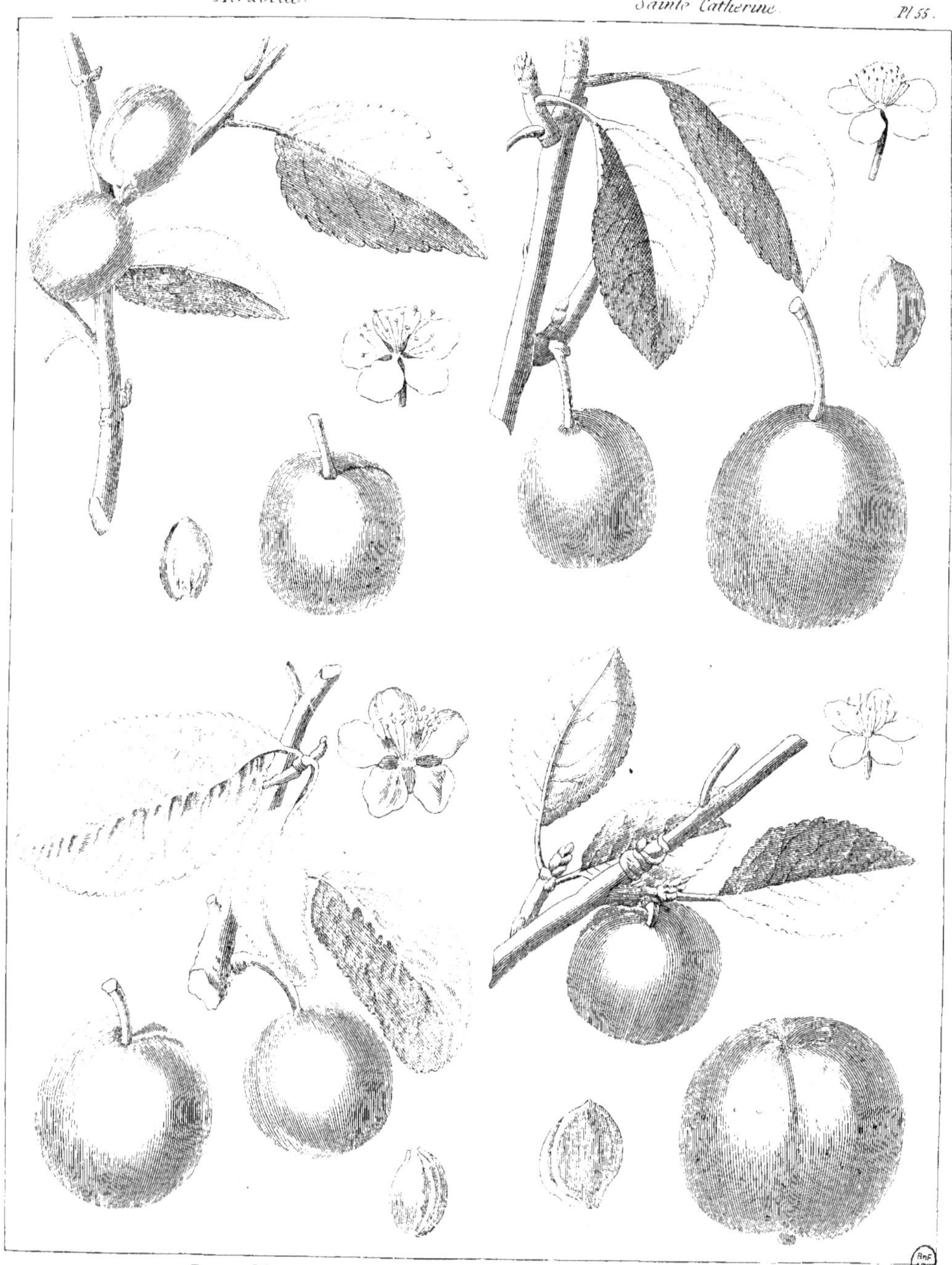

Damas blanc. Abricotée.

1. Damas noir tardif.
2. Damas Dronet.
3. Monsieur hâtif.
4. Perdrigon rouge.
5. Bricette.
6. Damas musqué.
7. Royale de Tours.
8. Prune suisse.

Monsieur
Impériale violette.

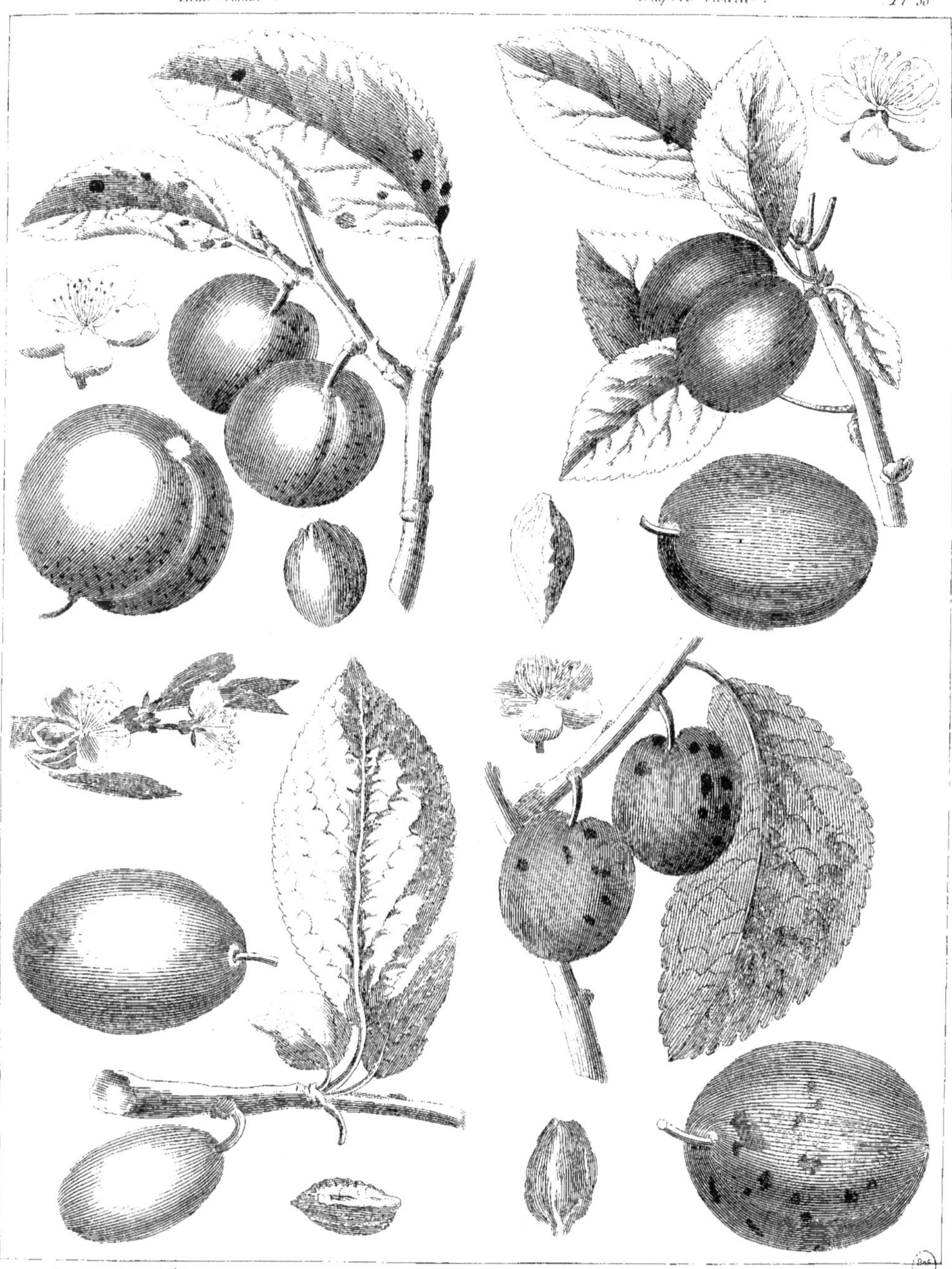

1   Diaprée blanche.
2   Dame Aubert.
3   Tête verte.
4   Diaprée rouge.
5   Prune qui donne deux fois l'an.
6   Prune de Jérusalem.
7   Mirabolan.
8   Prune sans noyau.

Raisin précoce.

Chasselas.

Cioutat.

Muscat blanc.

Muscat rouge.

Muscat d'Alexandrie.

Cornichon violet.

Corinthe blanc.

Morillon blanc.

Bourguignon noir.

Teinturier.

Raisin Perle.

Le Gouais

Petit Cuman

Raisin d'Alep

Griset blanc.

Meunier

www.ingramcontent.com/pod-product-compliance
Lightning Source LLC
LaVergne TN
LVHW020050210726
843507LV00015B/117